CORAÇÃO ORAÇÃO AÇÃO

CORAÇÃO, ORAÇÃO E AÇÃO —
COMO TRANSFORMEI MEU ROTEIRO DE VIDA

Categoria: Autoconhecimento, biografia, desenvolvimento pessoal, transformação, superação, meditação e oração.

Segunda edição — 2023

Autor: Angela Cortez

Projeto gráfico e editorial: Yesbooks Editora

Coach de escrita: Regina Rebello

Conceito de capa: Marifely Montalegre

Coordenação editorial: Filipe Mouzinho

DEDICATÓRIA

Dedico este livro, em primeiro lugar, à Lei do Universo, a Deus, ao meu mentor espiritual, a todas as energias que me acompanham desde o momento da minha encarnação e que me fortalecem e indicam caminhos diariamente.

Aos meus pais, cujas histórias de vida impulsionaram a pessoa que hoje sou, a mistura perfeita dos dois com o "único" que há em mim!

Ao meu esposo, Wilson Cortez, amigo e parceiro de vida, que divide comigo a missão de evoluir e fazer a diferença no mundo.

Aos meus filhos, João Pedro e Maria Rita, que são maravilhosos, dedicados e responsáveis, com vocês aprendo algo novo todos os dias.

E principalmente a vocês, leitores, que vão investir parte do seu tempo na leitura da minha biografia. Que as energias protetoras os acompanhem amorosamente, que muitos entendimentos aconteçam, se reconheçam em algumas histórias e consigam se movimentar internamente para Algo Maior, iniciando sua transformação através do CORAÇÃO, ORAÇÃO E AÇÃO.

"Quando o mestre e discípulo se percebem, eles se confundem. Mestre passa a aluno e aluno passa a mestre"

Valmir Francisco Antunes

AGRADECIMENTOS

Quero expressar os meus mais sinceros agradecimentos a todos aqueles que me incentivaram a escrever minha biografia como forma de inspirar outras pessoas.

À Sol Benarós, amiga-psicóloga, por me apoiar amorosamente durante o período que “vivi na Argentina”, um dos momentos mais difíceis que passei como executiva e mãe.

À Camila Araújo, terapeuta Bioflow, por me ajudar com sessões de renascimento a conectar com a minha melhor versão de forma leve.

À Regina Rebello, coach de escrita e terapeuta integrativa, pelo trabalho de mentoria desde a fase que eu estava com COVID-19, quando resgatei o projeto deste livro.

À Rosana Machado, psicóloga e consteladora sistêmica, por me apoiar por meio de sessões de hipnose e de constelação familiar.

Aos queridos terapeutas Marcio Ferrari, Aline Matilde e Vanessa Sitara, por me incentivarem a desafiar medos e traumas e a reconectar comigo mesma, com a energia da Mãe Terra e com o Universo.

À Cecilia Ono, coach de performance profissional e pessoal, consteladora sistêmica e consultora empresarial, que me acompanha ainda hoje na conquista de meus objetivos de vida.

Ao David J. Goldich, CEO da Paradigm Group, que com sua didática ajudou a transformar meu trauma da língua inglesa, fazendo-me encontrar a coragem para enfrentar inseguranças e abrir novas portas.

À Roberta Fernandes por apoiar na divulgação deste projeto e Karla Lasmar, escritora, que me apresentou a Editora YesBooks para o lançamento da 2ª edição desta obra.

A todos que fizeram e fazem parte da minha vida, familiares, amigos e companheiros de trabalho, com vocês aprendi e vivi muitas experiências e emoções, algumas relatadas aqui.

Termino registrando minha eterna gratidão a essa Força Maior, que me fez chegar até aqui e me faz evoluir todos os dias, abrindo meus olhos e ouvidos para o que é essencial em função de realizar meu propósito de vida.

SUMÁRIO

"Amizade é como as estrelas: mesmo à distância, elas brilham."

Angela Cortez

ENCONTRO ESPECIAL

Na vida há encontros tão inesperados quanto transcendentes. Isso abre a janela de um começo, de uma nova possibilidade. Esses encontros nos questionam com ternura, com um respeito delicado. E nos convidam a repensar. Assim foi conhecer Angie/Angela: uma experiência transformadora a cada gesto, a cada passo.

Fiquei encantada desde o início. Intuição, fé e inteligência eram integradas de uma maneira muito singular. Naquela noite de janeiro, há alguns anos em Buenos Aires, poucos minutos depois de conhecer algo sobre sua vida, eu imaginei como seria valioso se outras pessoas pudessem receber o que ela estava compartilhando com tanta generosidade.

Com o passar do tempo, fui aprendendo ainda mais sobre seu compromisso com a família, com o trabalho, com suas práticas espirituais/meditativas. Uma mulher que habita múltiplos papéis com dinamismo e flexibilidade, que integra em suas decisões a dimensão humana, o olhar transcendente, muito além dos conflitos.

É emocionante e terapêutico ler sobre gratidão. Angela compartilha um mundo complexo, de resiliência, de dedicação, de realização pessoal, ao mesmo tempo em que agradece cada momento, cada aprendizado, cada experiência de alegria ou dor. Talvez um componente fundamental de sua força seja: ela aceita e transforma o que se apresenta.

Angie/Angela se conecta com a sabedoria do coração e acende luzes através de suas palavras.

Sol Benarós

Psicóloga e fundadora da Tu Voz, Canto & Bienestar — Argentina, Buenos Aires

"O amor não se vê com os olhos, mas com o coração."

William Shakespeare

UM RELATO DO CORAÇÃO

Quando Angela me falou em escrever um livro, um relato do coração, confesso que não levei muito a sério, mas não disse nada que a desencorajasse. Ainda bem! Ela sempre me surpreende, e sua intuição é maior que a minha razão.

Não consegui perceber que fatos ocorridos na sua infância, adolescência e fase adulta, na família e no trabalho, tão frequentes na vida de algumas pessoas, pudessem ter a relevância que têm.

Tudo o que ela viveu, cada momento, feliz ou não, contribuiu para a formação desta mulher admirável, que caminha a meu lado, com seu maravilhoso propósito de vida. Este livro é parte disto.

Se você pensa como eu naquele primeiro momento, esta obra foi escrita para nós. Para nos fazer dar um passo atrás e refletir qual o sentido de nossas vidas, qual nossa contribuição e nosso legado.

Como reagimos ao que nos acontece, o que sentimos e como o expressamos, o que aprendemos com quem passa por nós faz toda a diferença. Toda e qualquer experiência pode transformar a nós e nosso entorno. Basta compreender que nada é por acaso e que tudo é um aprendizado.

Amor, gratidão, admiração não são palavras suficientes para expressar o que sinto por Angela. Ela faz parte da minha vida e sempre fez a diferença nela. Estou certo de que sua biografia ajudará muitas pessoas a se conhecerem e se tornarem pessoas melhores — como ela tem feito.

Escolha um lugar confortável, relaxe um pouco e leia com o coração! Sua jornada de transformação — ou de revolução humana, como chamam no budismo — está começando agora!

Wilson Cortez

Marido, pai e executivo

"O otimismo é a fé em ação. Nada se pode levar a efeito sem otimismo."

Helen Keller

UMA PARTILHA DE AMOR

A intuição e a motivação de escrever este livro nasceram em 2017, em um jantar em Buenos Aires, onde conheci uma pessoa que também estava jantando sozinha. Começamos a conversar e de repente estávamos trocando histórias como se nos conhecêssemos há muito tempo. Este jantar terminou quase a uma hora da manhã, porque o restaurante estava fechando, mas marcamos outros encontros para conversas sem fim. Somos amigas até hoje. Com certeza foi um dos anjos que conheci em meu caminho durante o período em que estive trabalhando em Buenos Aires.

Durante esse primeiro jantar, lembro dela me perguntar: "Já pensou em escrever sua biografia? Você consegue imaginar como sua história de vida pode motivar outras mulheres? Ajudar a se lembrarem de quem são, a acreditarem em si mesmas? Pode parecer inacreditável, mas muitas mulheres ainda são submissas! Sua história relatada em um livro pode servir de alerta e de incentivo para que homens e mulheres entendam melhor este novo contexto da mulher na família e na sociedade".

Ela me ajudou enxergar com mais clareza algo que parecia normal: a postura feminina ainda viciada na submissão, no desejo de agradar e, às vezes, até na exploração, tanto no âmbito pessoal como profissional. Comecei a observar mais as mulheres em minhas andanças de trabalho na América Latina. Meu coração confirmou que fazia todo o sentido contar minha história, não como uma lista orgulhosa de acontecimentos e pessoas, mas como um relato terapêutico de meus aprendizados, dores e alegrias. Desta forma eu realmente poderia ajudar pessoas a se conhecerem melhor, a se fortalecerem e transformarem suas vidas, através de sua realidade e desafios.

Estive por alguns anos muito presente na Argentina, estruturando uma equipe regional. Nos finais de semana, além de passear pelas lindas praças e pelos bairros de Buenos Aires, meditava muitas horas na SGI Argentina (Sede Budista), perto do bairro Belgrano, para aumentar minha coragem em me desafiar, pelo fato de estar longe da minha família.

Foi nesse momento que comecei a escrever os primeiros textos do livro que hoje compartilho com vocês. Depois que a crise voltou a reinar na Argentina, minhas viagens foram reduzidas e voltar a escrever se tornou um desafio frente aos compromissos domésticos e profissionais.

Para quem não sabe, meu nome completo é Maria Angela de Souza, com muita honra. Como me casei muito jovem com o meu maravilhoso marido Wilson, fiquei conhecida como Angela Cortez. Tenho 50 anos, sou economista, empresária, executiva de uma multinacional, mãe de dois jovens maravilhosos, inteligentes e independentes, com quem aprendo algo novo todos os dias. Eles me apoiam e me ajudam a despertar o melhor de mim mesma.

Eles me confirmam que as relações são mesmo eternas, assim como o amor que sinto por eles.

Nasci em uma família muito simples, aquela que escolhi e que era perfeita para me trazer ao mundo. Em um ambiente de muito amor, privação e superação, que me ofereceu as condições para aprender as lições de que eu precisava em minha passagem pela Terra. Foram muitas histórias, de meus pais e minhas, que ajudaram a moldar a minha personalidade, a construir meu roteiro de vida e a superar minhas próprias limitações.

O maior presente que recebi foram os valores transmitidos por meus pais na minha infância e que norteiam minha vida até hoje: respeito, honestidade, humildade, coragem e determinação. Sempre estiveram e continuarão presentes no meu cotidiano. A trajetória e o exemplo de meus pais transformaram o script da minha vida, dando-me coragem e força para começar a trabalhar com apenas 15 anos e construir uma vida melhor para mim e para eles, criar uma família amorosa, ter boas relações de amizade e uma carreira profissional de sucesso.

Em 2020, apesar das minhas intenções, foi impossível pensar na escrita do livro, com a chegada da pandemia mundial. Foi o ano mais desafiador para o mundo, para muitos de vocês e para mim também. Não foi fácil, nem em casa, nem no trabalho. Cheguei a trabalhar mais de 18 horas por dia, minha filha sem poder ver as amigas e com aulas virtuais, meu pai desmaiando quase todos os dias! Vivíamos em estado de pânico sem entender exatamente o que estava acontecendo.

O isolamento social limitava o trabalho e nos obrigava a um convívio intensivo com a família e, principalmente, conosco mesmos. Sem falar na sensação de medo reinante, da vontade de sumir e sair correndo. Naquele contexto turbulento, resolvi fazer um trabalho terapêutico de Inteligência Emocional para ressignificar minhas emoções, entender minhas reações e enfrentar os novos desafios. Além de trabalhar com dois coaches profissionais: um para o desenvolvimento da comunicação em inglês e outro para não desistir frente às dificuldades. E, mesmo nessas horas, o projeto do livro estava sempre presente.

No início de 2021, fui diagnosticada com COVID e, paralelamente, recebi um resultado de uma avaliação na empresa que me fez entrar dentro do meu EU profundamente. Meditei durante vários dias por 5 horas para entender o que estava acontecendo em minha vida. Foi nesse momento que meu coração me recordou de meu propósito esquecido frente a correria da vida, da necessidade de ajudar outras pessoas, de deixar um legado. Eu consegui enxergar claramente minha missão de vida e o livro é o símbolo deste propósito.

Naquele primeiro semestre de 2021, decidi mudar de emprego, depois de 12 anos na mesma empresa, e focar no lançamento deste livro no dia do meu aniversário.

A COVID foi um ingrediente importante que me fez recalcular a rota da minha vida, aflorando ainda mais o meu desejo de fazer a diferença onde eu estiver, através da minha revolução humana, dos ensinamentos da filosofia budista e do meu Mestre Daisaku Ikeda, e de tudo o que aprendi pelo caminho no catolicismo, no espiritismo e com os evangélicos. A oração sempre esteve presente em minha vida, garantindo força e orientação para seguir em frente.

Lançar este livro é uma forma de expressar minha a gratidão pela vida e contar como transformei as dificuldades em força e coragem para vencer a mim mesma. Como me transformei colocando em prática três simples palavras: coração, oração e ação.

O segredo é entender que todos nós possuímos a esperança, a fé e a coragem necessárias para aceitar nossas circunstâncias, fragilidades, para mudar e desenvolver nossos potenciais.

Ainda me lembro de quando minha terapeuta sugeriu a contratação de uma espécie de coach, uma jornalista — terapeuta, para me apoiar durante este processo da escrita. Hoje sou muito grata a todas estas mulheres, Sol, Camila e Regina, que me ajudaram a me recordar de meu caminho e me incentivaram a lançar este livro, não só no Brasil, como na América Latina e nos Estados Unidos. E à querida amiga Marifely Montealegre, que desenvolveu o projeto gráfico desta obra com tanto amor e criatividade! Obrigada! Ficou demais!

Agradeço a todas as pessoas que passaram pela minha vida e ajudaram a moldar a pessoa que hoje sou. Agradeço particularmente a meu amado marido e meus filhos, sempre parceiros de sonhos, e sou grata a meus pais, que me deram importantes ensinamentos, a meus irmãos, cunhadas, sogros e sobrinhas.

Espero que apreciem a leitura, que se reconheçam em parte e se sintam motivados a fazer mudanças em si mesmos e em suas histórias. É sempre possível escrever uma nova história, com mais coragem, harmonia, alegria e equilíbrio. Ser Feliz!

Angela Cortez

CAPÍTULO 1

UM NOVO AMANHECER

Nam Myoho-renge-kyo
Nam Myoho-renge-kyo
Nam Myoho-renge-kyo

Mais um dia se inicia. Com alegria, medito sobre esse mantra budista por cerca de 30 minutos. Essa simples atitude me traz paz, clareia a mente e aumenta a energia vital. E, principalmente, me lembra de meu compromisso em expressar nesta vida minha melhor versão, minha natureza de *Bodisatva*, repleta de compaixão e sabedoria.

Essa recitação lembra aos budistas desta linhagem o ter fé em seu próprio potencial e trabalhar a favor do bem de si mesmos e dos outros. Sem procrastinação, fazer a diferença hoje, no lugar onde estivermos. Faz-nos entrar em harmonia com o ritmo do universo e relembra o básico: que somos pessoas comuns, iguais aos demais, e que temos direito a uma existência feliz. Lições de humildade, respeito e integração com tudo o que nos cerca.

Para quem ainda não conhece, esse mantra *Myoho-renge-kyo* é um ensinamento do primeiro Buda, o Shakyamuni, que viveu na Índia há mais de três mil anos. Seus ensinamentos foram resgatados no século XII, no Japão, por Nichiren Daishonin, que acrescentou à frase a palavra Nam, derivada do sânscrito *Namas*, e que significa "devotar a própria vida".

Nessa oração, sob o ponto de vista do significado literal, *Nam-myoho-rengue-kyo* abrange todas as leis, toda a matéria e todas as formas de vida existentes no universo. Praticantes do mundo inteiro recitam essa mesma frase e se comprometem a trabalhar pelo bem de si mesmos e do outro.

Depois de 5 anos de prática contínua deste mantra, chegou o momento de fazer minha revolução humana, de transformar completamente minha vida, dentro e fora de mim. É duro acreditar, mas as pessoas e as situações mais desafiadoras são verdadeiras bençãos, pois são responsáveis em induzir as mudanças fundamentais que necessitamos fazer para reencontrar nossa essência, nossa natureza real, nosso verdadeiro EU.

"Viva sua vida de um modo só seu. Seja fiel a si mesmo. Essa é a essência da revolução humana", ensinava Toda Sensei, educador, pacifista e ex-presidente da Soka Gakkai. Ser fiel a sua essência significa crescer pouco a pouco e continuar mirando o futuro. É se esforçar dia após dia para ser uma pessoa melhor do que foi ontem. Tenho máximo orgulho de ser discípula do Presidente Ikeda, filósofo e líder budista japonês. Isso me ajuda a não ter medo de nada e a encontrar pessoas especiais, verdadeiros budas que me alertam, ensinam, nutrem e aprendem comigo.

2020 foi um ano de muitos desafios e de muito autoconhecimento, um ano de superação, de deixar ir o velho e buscar o novo. 2021 também começou exatamente assim, a Covid me parou à força. Fui inspirada a escutar minha voz interior, a voz da eternidade e resgatar minha missão e meu propósito aqui na Terra. Este período foi muito importante para alinhar meu coração e minhas ações. Obrigada por não me deixar trabalhar por uns dias! Por me obrigar a focar no que tem importância: meu EU interior e meu contínuo processo de evolução.

Durante aquela semana de COVID, com a ajuda da espiritualidade (como sempre acontece) pude praticar o silêncio, ouvir a mim mesma e conversar com pessoas alinhadas com meu propósito de vida. A cada dia que passa, admiro mais o Budismo de Nichiren Daishonin, que é uma filosofia que ensina a mudar o mundo transformando o seu estado de vida interior. O segredo para mudar uma sociedade doente, ensina, repousa em transformar a sua própria mente, em se tornar mais ser "humano".

Uma modificação em nossa determinação ou atitude causa primeiro uma mudança no nosso cotidiano; em seguida produz impactos positivos em nossa saúde e nosso vigor, eleva nosso padrão vibracional e, por fim, nos permite vivenciar a ilimitada sabedoria disponível no Universo para quem souber se sintonizar. Quando nos propomos a enxergar nossas fragilidades, erros, potencialidades e mudar nossa orientação interna iniciamos nossa revolução humana ou reforma íntima, como alguns chamam.

Entendo que tudo no universo está interligado. Nenhuma folha cai e nenhum encontro acontece sem um motivo, por mero acaso! Os encontros e situações que se apresentam em nossa vida desde a infância têm o intuito de nos fazer mudar padrões de pensamentos e comportamento limitantes. São agentes de nossa transformação pessoal e nos trazem a pessoa que hoje somos, em permanente mudança, em constante re-evolução. Encontros e situações às vezes dolorosas são presentes que temos de agradecer na escola da vida.

Na minha vida sempre escutei meu coração, por intuição, e, ao conhecer os ensinamentos de Nichiren Daishonin, comprovei o acerto dessa orientação. Quando ouvimos nosso coração, ele irradia como o Sol e podemos levar essa luz a tudo o que nos cerca, fazendo as sombras desaparecerem.

Durante o período em que estive adoecida, comprovei isso. Uma fé forte pode, como o Sol, brilhar e nos livrar de desarmonia, tristeza, desespero e infelicidade, nos resgatar de ilusões negativas. Naquela semana de pausa forçada pude enxergar como usar as minhas dores como ferramentas para iniciar a grande viagem até a minha essência.

Esse budismo maravilhoso que pratico explica que todos possuímos uma natureza nobre, um potencial interior radiante a ser despertado. Quando me recolhi por conta do vírus, pude finalmente me dedicar de corpo e alma à prática do *"Nam Myoho Rengue Kyo"*, o que promoveu uma mudança interna e uma perspectiva mais humanista. Consegui integrar mente e coração, encontrar novos caminhos e fortalecer a Fé em meu coração.

Como para outras tantas pessoas, o adoecimento com a "Covid" foi um momento de honestidade total comigo mesma. Quando reconheci que realmente sou responsável por tudo o que me acontece, pelas situações e emoções que atraio para minha vida, aquelas que tenho dificuldade em aceitar, mas que inconscientemente pedi com meus pensamentos e atos. Aspectos meus que eu escondia de mim mesma — como egoísmo, prepotência, insegurança e vitimismo — foram as causas da minha recente infelicidade no trabalho e talvez em casa também, em alguns momentos. Percebi que eu estava voando como um avião sem piloto e sem direção definida. Com a vista enevoada, reagia a tudo impulsivamente a partir das minhas crenças limitantes e memórias dolorosas do passado. Estava confusa e deixando todos a minha volta também.

Se você não conhece, a Avaliação 360º, conhecida como *feedback* 360º, é uma ferramenta empresarial em que o desempenho do funcionário é avaliado por todos a sua volta, superiores, subordinados, prestadores de serviços e clientes, além dele mesmo. Pois bem, o reconhecimento de mim mesma começou com uma bendita Avaliação 360 na empresa. Na minha perspectiva, algumas ponderações dessa avaliação foram descuidadas. Elas me surpreenderam e desequilibraram emocionalmente. Sou grata a essas pessoas que se colocaram nesse *feedback*, pois fizeram eu me mexer emocionalmente, encarar os demônios internos e ir em busca das partes de mim que tinha perdido pelo caminho, de meu equilíbrio.

Eu vivia uma correria desenfreada e tinha um empenho acima do saudável em meu profissional. A empresa era minha vida, roubando momentos de prazer com a família e amigos. Eu tinha as melhores intenções, mas não estava ouvindo a voz baixinha de minha alma ou do meu coração e, por isso, estava na rota errada.

Depois do choque inicial e de uma fase de negação pós Avaliação 360º, consegui, com a ajuda dos companheiros budistas, da família, de psicólogos e de *coaches*, enxergar com mais clareza meus equívocos e o caminho mais acertado a seguir. Eles foram "verdadeiros Budas" naquele momento de minha vida. Agradeço a todos eles! No 11º dia de Covid, resolvi dar novo rumo à vida profissional e pessoal. Confiante na lei do mantra diário (*Nam Myoho-renge-kyo* ou carinhosamente *NMRK*), reconheci que tudo o que aconteceu fazia parte de meu aprendizado e trabalhava a favor da minha evolução. É claro para mim que não estamos aqui para usufruir, mas para evoluir através das experiências desta existência.

Depois de anos ouvindo ou lendo sobre a importância de estar na presença, finalmente, naquele dia, eu consegui viver o presente, soltar medos e projeções. Deixei fluir a vida na direção de minha missão, o propósito de ajudar outras pessoas através do exemplo. Pedi perdão para minha família, obrigada a conviver por um bom tempo com uma mulher *workaholic* e com uma postura mental negativa, que ameaçava desistir da vida apesar do sucesso profissional.

Com muitas horas de meditação, meu equilíbrio emocional retornou e minha energia vital se tornou forte como o rugido de um rei leão. Compreendi que não precisava correr em busca de bens materiais ou de posição social para compensar um passado de carência. O medo e a dor se transformaram em forças e superação. O que o importa não é o que nos acontece, mas o que fazemos com isso. Sei que sou capaz de superar qualquer obstáculo que possa aparecer, seja físico, emocional, intelectual ou espiritual.

Impressionada, comprovei mais uma vez que a recitação constante do NMRK torna o caminho mais fácil. Nos últimos dias de COVID, ainda isolada em casa, eu me surpreendi tranquila em alguns momentos, perto do meu Gohozon (instrumento budista de devoção), ouvindo o cantar dos pássaros na varanda e dos galos no parque próximo. Quando despertamos para o essencial, somos invadidos por alegria e gratidão pela vida.

Foi um período de lapidar o meu coração e me comprometer mais com meu propósito de vida. Há alguns anos, eu entendi através de minhas orações e atitudes, que meu propósito é fazer a diferença na vida das pessoas, inspirar mudanças e processos de autoconhecimento. Para me tornar uma referência para outros seres, no entanto, precisava fortalecer ainda mais meu equilíbrio, organização, determinação, capacidade de escuta, o não julgamento. Na minha avaliação, a pandemia surgiu como forma de promover essa parada em um mundo extremamente acelerado, dominado pelo consumismo e desconectado da amorosidade. O vírus veio com uma intensidade inesperada para obrigar as pessoas a olharem suas mazelas dentro de si e se transformarem de dentro para fora. Afinal, quem é que não convive diariamente com vícios e pequenos pecados? Quem é que se preocupa em desenvolver virtudes?

Fundamental saber que todos nós temos a natureza de Buda em nosso coração, ou a essência de Deus. Foi também por isso que durante meu período de isolamento decidi retomar a escrita e tornar concreto esse antigo projeto de escrever minha biografia.

Espero que esta leitura ajude você a enxergar que somos luz e sombra, mas temos sempre oportunidades para escolher como reagir a cada evento que acontece em nossas vidas. Diariamente podemos começar de novo, independentemente de onde estivermos, do sexo que tivermos, do dinheiro em nossa conta bancária ou do número de anos que acumulamos. Ler sobre a história de vida do outro nos recorda nossa própria trajetória e nos incentiva a fazer mudanças. Como dizia Confúcio, "na presença de dois homens estou sempre fadado a aprender. As qualidades de um imito, os defeitos do outro, corrijo-os em mim".

Acredito que a prática da espiritualidade — seja qual for – é fator importante nesse processo de reavaliação e alquimia interior. Com a oração em dia, nossa mente se torna clara e entra em um estado que favorece emoções e pensamentos positivos, assim como a tomada de decisões mais acertadas, mais humanas. Nossa mente se torna mais leve e livre, como se uma borboleta linda e colorida estivesse voando ao nosso redor.

Quando abrimos espaço para sermos nós mesmos, quando deixamos nossa essência nos dirigir, temos acesso ao nosso potencial interno e a oportunidades escondidas em nosso entorno. Tudo flui com mais facilidade e se dirige para onde deve ir. O Universo parece mandar mensagens através das sincronicidades, de livros, filmes, músicas e das falas daqueles que nos cercam. Estamos mais em paz com quem realmente somos e acontece uma grande transformação na família, no trabalho, no coletivo.

No dia D, aquele em que decidi sair de minha zona de conforto, eu determinei para mim mesma que iria superar os dramas familiares, aceitar minhas vulnerabilidades e voltar minha atenção total para a construção da minha melhor versão, disposta a trabalhar por si e pelo outro. Eu renovei meu compromisso de expressar minha natureza búdica nesta vida, de superar o sofrimento inerente à vida e buscar situações de mais felicidade. Claro, esse é um trabalho em andamento!

Internamente decretei que, a partir daquele dia, os conflitos perderiam forças e novas possibilidades iriam surgir. Eu acreditei nisso com muita fé. Quando sabemos para onde queremos ir, a vida nos mostra a direção correta, os anjos do destino aparecem e tudo flui naturalmente. Com esta disposição positiva, retornei ao trabalho e percebi que minha história ali havia terminado, que não me sentia mais feliz naquela empresa. Depois de 12 anos, ela destoava da pessoa que eu me tornara ou desejava construir.

Sempre fiz tudo com muito amor e, naquele momento, as energias me faltavam. Inconscientemente, fui me despedindo de cada pessoa com quem falava ou me reunia, agradecendo internamente os aprendizados que cada um havia me propiciado. O sentimento foi de profunda gratidão por tudo que vivi, aprendi e construí nesta empresa. Certo dia, fiz até uma carta de despedida ou de encerramento de ciclo que não enviei para ninguém, mas que contribuiu para a integração de tudo que acontecera naquele lugar.

Como o assunto estava apaziguado internamente, o Universo magicamente me trouxe uma oportunidade de trabalho em outra multinacional. De perfil mais jovem e criativo, era um local onde minha atuação continuaria a abranger toda a América Latina, mas a estrutura era mais enxuta, eu me reportaria aos donos da empresa, teria um suporte bem mais confortável e os produtos a serem negociados eram maravilhosos! Fiquei encantada!

Muitas pessoas têm medo de mudanças, e eu mesma ironicamente estacionei em uma empresa por muitos anos. No entanto, mudar é muito positivo, aumenta a energia e a disposição, traz um novo olhar às atividades, nos tira da zona de conforto, nos leva a viver novas experiências, a aprender e crescer com o novo ambiente e pessoas. Eu recebi muito bem o novo em minha vida, pois minha mudança foi determinada por tudo o que é mais querido nesta vida: saúde, família, felicidade e propósito.

Espero que minha passagem por essa antiga empresa tenha contribuído para fortalecer os valores universais — respeito, inclusão, diversidade, cooperação, tolerância — e que meus antigos colegas vejam em meu voo um exemplo de que devemos perseguir nossos sonhos. Que sempre ouçam seus corações e percebam que a vida é composta de ciclos, que em algum momento se encerram. Então é tempo de iniciar uma nova história para o benefício de nossa saúde física, emocional e mental e para o bem-estar dos nossos amados.

Coragem foi a virtude ou qualidade mais presente em toda a minha vida. Agora, mais uma vez venho recorrendo a ela para virar a página e iniciar um novo capítulo. Com um pouco de medo, confesso, mas caminhando apesar dele. Ter fé, esperança e coragem de correr atrás de meus sonhos me fez chegar aos 50 anos feliz e realizada como filha, esposa, irmã, mulher, mãe e executiva, com energia de 18 anos. Recentemente, tive a honra de sair de férias com a família, comemorando os meus 27 anos de casada, os 50 anos de casamento dos meus pais e os 81 anos de vida do meu querido pai. A vida é repleta de dádivas!

CAPÍTULO 2

ERA UMA VEZ...

"Seja como for, a grandiosa revolução humana de uma única pessoa irá impulsionar a mudança total do destino de um país e, além disso, será capaz de transformar o destino de toda a humanidade."

Daisaku Ikeda
Presidente da SGI

Você já parou para pensar sobre o início da sua história? Como tudo começou? Como andavam a relação, a saúde e o ânimo de seus pais? Pois bem, nossa concepção, nosso nascimento e os primeiros anos carregam alguns acontecimentos e emoções que influenciam nossa forma de ver e estar na vida. Não acredita? Vamos lá!

Durante a gestação, temos nossa primeira experiência de entrega, quando somos construídos por algo maior, sem querer interferir. Mas, desde o momento de nosso nascimento, diferentes interesses religiosos, educacionais e comerciais entram em ação. Pais, parentes, educadores e até a imprensa e o marketing começam a nos dizer como é a vida — geralmente bem mais sem graça que no útero — e como devemos pensar e agir.

Em vez de simplesmente Ser, agora temos de nos preocupar em Ter. Desde determinados comportamentos — engatinhar, falar, andar — até brinquedos, pessoas, bens materiais. Começa a longa jornada da separação, em que nos afastamos de nossa essência divina e começamos a adotar valores ditados pelo ego, o que nos joga muito cedo no caminho da ansiedade e da frustração. Nada é suficiente!

Nesta fase se instala dentro de nós a "Mentira Pessoal", descrita nas técnicas de Renascimento (*Rebirthing*) e *Bioflow*. É o pensamento, crença ou sentimento mais limitante que temos sobre nós mesmos. Pode ser um pensamento que captamos de alguém querido, uma frase mal colocada ou repetida à exaustão. Quebra de expectativas ou uma situação infeliz que acontece.

Fato é que ela se torna uma falsa verdade que mina nossa autoestima durante muitos anos, às vezes décadas. Para alguns é "eu não mereço", para outros "não sou amada" ou "não sou suficiente". Esse tipo de mantra ou crença também pode se instalar se a concepção a criança não foi desejada ou ainda se os pais desejavam ter um filho do sexo oposto. A lista de mentiras pessoais possíveis é bem grande!

E são tão dolorosas que, para evitar entrar em contato com elas, reduzimos o ritmo de nossa respiração, achamos que, respirando menos, sofreremos menos. Mas não é isso que acontece. Deixamos de sentir tanto o bom quanto o mau, tanto o amor como a dor. E o pior: essa tal mentira ou pensamento recorrente se integra à nossa memória celular e cria padrões de comportamento e de sobrecompensação.

Deixe-me explicar um pouco. Um bebê afastado de sua mãe após o parto (como aconteceu comigo, pois minha mãe permaneceu internada) pode, por exemplo, interiorizar afirmações como: "Não me querem" ou "Não mereço ser amado". Como compensação, quando adulto, faz de tudo para obter amor e cria vínculos de dependência. Ou, então, se afasta das pessoas e evita situações de intimidade, que realcem sua vulnerabilidade e o receio de não ser amado.

A boa notícia é que, através de um trabalho consistente de autoconhecimento, é possível identificar essas mentiras inconscientes e mudar nosso diálogo interior e comportamentos, melhorando relacionamentos, saúde e realidade. É possível escolher ser mais feliz e trabalhar para isso. Que o digam os habitantes do distante Butão, que possui até um "Índice de Felicidade Interna", ou da Dinamarca, onde "Confiança" é o mantra dominante. É esse caminho da reeducação que eu venho fazendo há anos.

Voltando ao início da história, às minhas raízes que explicam muito de quem sou. Eu, Angela, nasci em São Paulo, no Imirim, um bairro muito simples da capital. Filha do João Jovino de Souza e da Luzia Conceição Rodrigues de Souza, sempre fui orgulhosa e grata por ser filha deles. Pessoas humildes, honestas e de coração generoso. Seres iluminados que trouxeram um roteiro de vida muito desafiador e que através do exemplo moldaram boa parte da minha personalidade e de meus comportamentos.

Neste capítulo, conto um pouco da história destes tesouros que, com certeza, me acompanham há muitas vidas. Por conta deles, desde muito pequena, aprendi a transcender meus limites e a ter confiança em dias melhores. Percebi que as vidas são compostas de algumas alegrias e amores, mas de muitas lutas e obstáculos, e que com fé e coragem podemos vencer, nos transformar, superar carmas e até doenças.

Quando criança, não conhecia a filosofia budista e era muito desafiador aceitar o que nos acontecia, tantas provações e desafios. Hoje sei que tudo nos encaminha para nossa evolução, para que cumpramos determinada missão — que passamos muito tempo sem conhecer. De nada nos ajuda entrar no papel da vítima ou culpar os outros. Como um ser espiritual, cada um de nós pode iluminar o que existe em seu interior, eliminando ou reduzindo a infelicidade dentro de si e ao seu redor.

Meu pai é um exemplo de como transformar suas dores em forças de propulsão, de superação. Ele nasceu em 1940 no Rio Grande do Norte, Macaíba, Lagoa do Sítio. Em uma pequena cidadezinha, muito simples, onde estive muitas vezes nestes meus 50 anos. Veio de uma família simples com muitos irmãos, o que não é novidade no Nordeste. Minha avó, viúva com 3 filhos, se casou com meu avô e depois pariu mais 8; meu pai é um deles.

Meu avô foi soldado de cangaceiro. Recordo das aventuras que contava: dos confrontos que vencia ou perdia, das pessoas que conhecia e dos filhos que deixava em cada lugar por onde passava. Eu não sei se é verdade, mas é possível, pois naquela época a cultura dominante era muito machista. De todos os irmãos, ele era o mais carinhoso e o mais mimado, dizem. Acredito que ele foi muito impactado pela morte da mãe quando tinha 16 anos. Nas poucas fotos de infância, ele aparece sempre no colo da mãe ou colado a ela.

Para completar, três meses depois da morte da mãe, o meu avô se casou novamente e a madrasta colocou os meus tios e meu pai para fora de casa. Tinham de seguir em frente, construir sozinhos suas vidas na cidade grande. O antigo "mimo" pelo meu pai se transformou em abandono e em carência. Bem traumático. Meu avô teve mais 8 filhos desse casamento, então imagine a quantidade de tios e primos que tenho.

Para se relacionar com qualquer pessoa é importante sempre tentar entendê-la, analisando seu contexto presente e passado. Sempre tentei me colocar no lugar de meus pais. Ainda criança, meu pai perdeu a mãe e minha mãe perdeu o pai. Cresceram sem um núcleo formado, em famílias desestruturadas, cheias de conflitos e, infelizmente, alguns aspectos desta história seguiram adiante e chegaram até mim.

Eu cresci em um lar católico, onde a família era compreendida não apenas como um contrato social, mas como um núcleo com afinidades espirituais e onde cada um tinha suas responsabilidades, inclusive com relação ao ensino dos valores universais e ao processo de comunhão com Deus. Aprendi muito pelo exemplo e com as situações de carência ou conflito que tive de enfrentar dentro e fora de casa.

Para chegar a São Paulo, meu pai teve de viajar quase dois anos de pau de arara, em cima do carregamento de sal. O trajeto do Rio Grande do Norte para São Paulo demorou porque meu pai parava para trabalhar em algumas fazendas em Brasília, Goiás e outros estados para ganhar o dinheiro do transporte até aqui. Na minha infância, eu sempre associava essa história com a escravidão, mas ela também mostrava a importância do trabalho para nossa sobrevivência e superação.

Quando ele chegou a São Paulo, alguns de seus irmãos já estavam aqui. Eu sempre imaginei como puderam se encontrar, porque naquela época não havia celular e poucas linhas telefônicas. Imagino que seguiram alguma direção indicada por carta. O mais incrível é que ele coincidentemente acabou chegando aqui perto de onde moro, no bairro do Pacaembu. Na época, um dos meus tios era vigia de uma mansão e acolhia secretamente seus irmãos para passarem as noites. Os donos do imóvel nem imaginavam!

Foi naquela casa que meu pai escutou pela primeira vez o toque de um telefone e descobriu para que servia esse estranho instrumento. Esta história marcou minha infância, achei muito engraçado quando ele me contou que, quando o telefone tocava, todos saíam correndo de medo. Incrível como em 60 anos tudo mudou e hoje cada pessoa tem seu próprio telefone e não sabe viver sem.

Outro fato marcante foi que meu pai chegou a São Paulo descalço! Ele só colocou o primeiro calçado no pé quando completou 18 anos. Claro, como expliquei anteriormente, para compensar essa situação de carência de meu pai, tenho loucura por calçados, acumulo montanhas deles. Inclusive esse é um dos temas que quero trabalhar nas minhas sessões de hipnose: a síndrome dos sapatos.

Esse tipo de comportamento, de transformar o que faltou na infância em excesso na vida adulta, é muito comum entre as pessoas que tiveram um início de vida difícil, com muitas provações materiais. Atualmente tenho mais sapatos que roupas, mas já consigo reconhecer essa minha tendência ao acúmulo e trabalhar pela mudança.

Isso é o mais importante: reconhecer e agir. Na pandemia ficou ainda mais clara a tendência de consumismo de todos nós. Não precisamos de tantas roupas e sapatos, usamos cerca de 30% deles, segundo especialistas. E o pior é o desperdício de dinheiro e tempo de trabalho para adquirir tudo isso. Cada peça em nossa casa é uma parte de nós transformada em bem material, às vezes sem uso. Tanto desperdício cometemos ao longo da vida!

Os problemas de meus pais eram bem diferentes! Nada em excesso! Meu pai e meus tios chegaram a São Paulo sem recursos e sem uma profissão definida. O jeito foi trabalhar na construção civil e em prédios, onde havia muitas oportunidades. Alguns foram pedreiros, zeladores, ascensoristas e meu pai, pintor de casas e edifícios. Gente humilde e trabalhadora!

Tenho o maior orgulho do meu querido pai. Lembro dele indo após o trabalho para as aulas do Mobral, um projeto do governo que ensinava os adultos sem alfabetização a escrever, ler e fazer contas. Meu pai era um batalhador e ensinou seus filhos a seguirem pelo mesmo caminho! Eu agradeço e tento passar o mesmo ensinamento para seus netos.

E minha mãe? A história dela não era tão diferente da do meu pai. Sua vida foi bastante difícil e um de seus maiores desafios foi enfrentar a morte do pai sozinha com seus irmãos menores. Naquele dia, minha avó saiu apressadamente em busca de ajuda, mas, quando voltou, ele já não estava vivo. Ainda hoje minha mãe me fala de quanto gostaria de ter convivido com seu pai mais tempo e de como se sentiu impotente diante da morte dele.

Durante a pandemia, ajudei minha mãe a recuperar um pouco da história perdida de seu pai e de seus ancestrais. Descobrimos que meu avô nasceu em Minas, encontrou com a minha avó em Bariri e eles se casaram em Jaboticabal, no interior de São Paulo, onde minha mãe nasceu. Ela tem dois irmãos do primeiro casamento da minha avó e mais um do segundo casamento dela, após a morte de meu avô.

Essa fase após a morte do meu avô foi das mais críticas da vida dela. Fiquei muito impressionada quando ela me contou que, após o falecimento do pai, a família ficou em situação de penúria, sem dinheiro e sem comida, e eles tiveram de pedir esmolas nas casas. Um aprendizado e tanto, de humildade, de aceitação, de coragem, de resiliência... Assim me ensinaram meus pais.

Minha mãe começou a trabalhar com 8 anos em uma casa de família, onde era obrigada a passar um escovão para lustrar o chão, que tinha de ficar tão brilhante quanto um espelho. Para ter dinheiro para os materiais escolares, vendia estrume dos cavalos. Vida dura! A falta de dinheiro sempre esteve presente na vida dos meus pais, mas eles seguiram em frente, não desistiram dos sonhos possíveis.

Meus pais nunca tiveram medo do trabalho e foram muito dedicados. Talvez por isso eu tenha me tornado uma *workaholic*, uma mulher que trabalha demais e precisa tomar conta melhor de si mesma para assegurar sua saúde e família!

Minha mãe nasceu em 1947 em Jaboticabal, interior de São Paulo, inteligente e muito esforçada, conseguiu terminar o primário. Com 74 anos de vida, essa guerreira costuma dizer que nunca foi passada para trás, é uma excelente mãe com um grande coração, mas sempre foi bem rígida com a minha educação e a dos meus irmãos. É excelente em matemática e sabe usar perfeitamente o celular!

Ela deixou Jaboticabal para trabalhar em São Paulo. Ficou inicialmente na casa de sua tia até encontrar um emprego na casa de uma senhora húngara que acabou voltando para seu país. Em busca de um novo emprego, estava andando pela Avenida Angélica, onde parou duas pessoas na rua em busca de uma oportunidade em casa de família. Uma delas era o irmão do meu pai, que estava prestes a se casar, e a noiva, minha tia, ia sair do emprego.

Como não existe coincidência, sei que o Universo colocou minha mãe frente a esta oportunidade de trabalho e de relacionamento. A casa era no Jardim Europa, na esquina da Rua Martinica com a Rua Cuba. Eu me recordo muito bem desta casa e da Dona Iraci, a patroa da minha mãe. Ela tinha um coração de ouro, era uma senhora linda e elegante, que acabou gostando muito de minha mãe e de meu pai. O marido dela faleceu logo.

Meu tio comentou com meu pai que havia conhecido uma moça muito linda, que substituiria minha tia no trabalho e — como se dizia naquela época — era uma moça para se casar. E completou: é branquinha! Quando era criança, meu pai ouvia de meu avô a seguinte recomendação: “Meu filho, procure se casar com uma moça de pele branca para clarear nossa família. O preconceito e racismo estão muito presentes na nossa sociedade”. Essas questões sempre me tocaram.

Meu pai não perdeu tempo, foi correndo conhecer minha mãe, a famosa Luzia. A desculpa era perguntar para D. Iraci se tinha algo para pintar na casa. Chegou com a maior cara de pau, já convidando minha mãe para sair, mas ela tinha um pouco de medo de homem. Não sem motivo, pois minha avó dizia que eles eram perigosos. Assim se formam as crenças limitantes! Ela diz que inicialmente não foi muito com a cara dele, mas acabou conquistada por seu jeitinho calmo e coração gigante.

Eles iam namorar na praça Buenos Aires, na Avenida Angélica, e toda vez que passo por lá esta história de amor vem à minha mente e ao meu coração. Foi nessa época que meu pai comprou um terreninho no Imirim e começou a construção de uma casinha. Ele trabalhava muito com o objetivo de se casar logo e minha mãe, para montar o enxoval. No meio do caminho, eis o erro de percurso, minha mãe acabou engravidando. Imaginem 50 anos atrás o que significava isso!

Ainda bem que eles tinham construído um quarto, sala, cozinha e banheiro e puderam agendar logo a data do casamento. O que minha mãe não imaginava era a reação da minha avó. Portuguesa conservadora, dona de um temperamento forte, ela não aceitou a união dos dois e, revoltada, jogou no meio da rua todo o enxoval preparado com carinho. Minha mãe ficou muito magoada e ofendida!

O desaforo — resultado da cultura da época — acabou tendo efeito inverso: em vez de os fazer desistir de se casar, antecipou o enlace. Eles até planejaram uma pequena festinha, a ser realizada na casa onde viemos a morar. A chuva forte não deixou e eles tiveram que levar o bolo para a casa da minha tia. Minha mãe fez um bolo lindo, devidamente registrado no álbum de fotografias.

Acredito que as chuvas fortes daquele dia foram benções disfarçadas dos céus para aquele casal tão sofrido, que desejava apenas ter seu cantinho e ser feliz. Águas passadas. Os anos, conflitos e rancores foram passando, nos tornamos uma família unida e ver as antigas fotos do casamento enche nossos corações de alegria e gratidão.

Como já contei no início deste capítulo, muitos destes fatos se tornaram memórias celulares em meu corpo e fazem com que eu pense ou reaja desta ou de outra forma; às vezes de maneira impulsiva e destrutiva. Como já disse, em 2020, iniciei uma terapia chamada Inteligência Emocional Bioflow e outras terapias, como a da Escrita Terapêutica, que resultou neste livro. Com elas, tenho aprendido muito sobre mim mesma, observado como esse começo de vida difícil mexeu comigo e o que posso fazer para ressignificar isso tudo.

Minha concepção aconteceu antes do previsto e diversas situações negativas ocorreram, como a revolta da minha avó. O meu parto foi de risco, a fórceps, cercado de muita dor. Minha mãe quase morreu no parto, não pôde me amamentar e demorou uns 3 anos para curar uma anemia profunda. Meu pai, por sua vez, sonhava com um herdeiro e ficou meio decepcionado quando chegou uma menina. Um contexto bem difícil para qualquer um e que gerou muitas "mentiras pessoais". "Eu não sou amada", "eu machuco os outros", "eu sou do sexo errado".

Nasci em 4 de agosto de 1971. Segundo minha mãe, era desde muito cedo uma leonina linda, rechonchuda e sonhadora, forte como uma leoa, mas com um coração muito generoso. Logo recebi alta, mas minha mãe permaneceu internada no hospital, tive de ser alimentada com mamadeira e a tarefa de cuidar de mim passou para a minha madrinha, a quem eu amo e sou muito grata.

Dessa época surgiram as sensações recorrentes de abandono, de não ser amada, de não ser adequada... Emoções e crenças equivocadas que voltam de tempos em tempos; eu tenho de trabalhar constantemente. Como tantas outras pessoas...

Fui batizada na Igreja Velha de Aparecida do Norte e ainda guardo a lembrança do meu vestidinho de batismo até hoje! Meu padrinho era uma pessoa muito especial e sinto muita falta dele. Ele tinha um vínculo muito forte comigo e com meus pais e, apesar de ser bom e alegre, tinha problemas de autoestima — hoje eu sei! Morreu aos 51 anos. Passei com ele seus últimos dias e foi um privilégio poder conviver neste momento tão delicado e aprender sobre o valor da vida e sobre o amor a si mesmo.

Autoestima ou autoamor é a avaliação (positiva ou negativa) que uma pessoa faz de si mesma a partir de emoções, memórias, crenças, comportamentos ou qualquer outro tipo de conhecimento de si própria. É o valor ou o amor que dá para si mesma, e dele depende seu bem-estar mental e físico. Quem não se aceita como é não se ama, e essa falta de amor se reflete em cada aspecto da sua vida.

Quando crianças aprendemos que só seremos bem tratados ou amados se sentarmos direito, se nos alimentarmos bem, se estudarmos ou trabalharmos, se tivermos sucesso pessoal e profissional. No entanto, todo ser humano, sem exceção, é digno do respeito incondicional e merece ser estimado pelo simples fato de ser, de existir.

A percepção errada de nós mesmos é que gera sentimentos de inferioridade ou superioridade, autocrítica, autocensura, narcisismo ou egoísmo. Características que influenciam diretamente nossas experiências, nosso bem-estar e nossa qualidade de vida. Meu padrinho me ensinou muito sobre isso, sobre a importância de desenvolver a autoestima. Cuidar de nossas feridas sagradas — nossas limitações e memórias dolorosas — e transformá-las em forças de superação.

Ele era uma pessoa amada, que todos queriam por perto, pois irradiava amor e alegria por onde passava. Mas ele não se reconhecia, não acreditava em si mesmo. Foi ele que me deu um dos presentes mais significativos da minha infância em um dos tantos Natais que passamos juntos: uma vitrola e um disco. Esse presente tão inesperado me trouxe muita alegria, me fez sonhar muito e me mostrou que havia outro caminho, onde dores e amores podem dançar juntos com mais leveza.

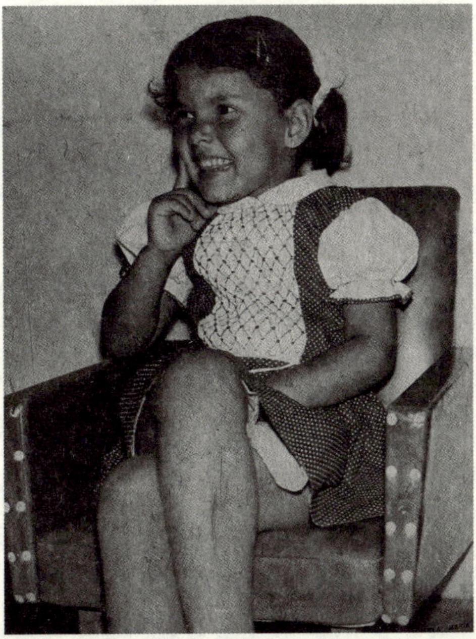

CAPÍTULO 3

HISTÓRIAS DE FAMÍLIA

"Deixem vir a mim
as crianças e não as
impeçam; pois o Reino
dos céus pertence aos
que são semelhantes
a elas."

Jesus Cristo
(Mateus 19:14)

Viver com mais leveza tem sido um aprendizado constante. Na infância, o som da vitrola do meu padrinho me lembrava dessa possibilidade. Na idade adulta, esse esforço se traduz no desejo de conhecer melhor a mim mesma e de descobrir formas de ressignificar o que for possível e aceitar o que não for. Assim, aos poucos, vou aprendendo a lidar melhor com as experiências passadas, as tendências herdadas e minhas próprias limitações.

Em geral, sou uma pessoa positiva e quase sempre feliz. Mas não passei imune aos fatos e emoções negativas que a vida nos apresenta. Segundo algumas linhas de conhecimento, estamos, ao longo da vida, sujeitos a diferentes tipos de traumas que nos desconectam de nossa essência e de nossos aspectos divinos. Assim também aconteceu comigo em algumas fases.

Os traumas nos fazem esquecer nossas forças internas e criar mecanismos de defesa ou sobrecompensação para sobreviver ao que nos parece, às vezes, uma grande tragédia, seja a perda de um ente querido, uma infância difícil, abandono de um dos pais ou perdas financeiras. O primeiro trauma, claro, é o do nascimento, cercado de tensão, expectativas e dores. Em seguida, podem surgir traumas relacionados às questões ligadas às crenças negativas, desaprovação parental, desejo inconsciente de morte, carma das vidas passadas, trauma escolar, religião, repressão do feminino e síndrome do salvador.

Um dos mais recorrentes é o trauma do abandono, que persegue a todos nós, inconscientemente, quase toda a vida. Trata-se de pensamentos e emoções decorrentes de abandono físico ou emocional em idade precoce. Um bebê separado da mãe pela experiência da incubadora, outro que perde o pai ou até mesmo a criança que tem pais presentes fisicamente, mas emocionalmente indisponíveis. Isso pode acontecer por motivos diversos e não nos cabe julgar: pode ser por excesso de trabalho, por falta de dinheiro, por perdas de entes queridos ou por não saber expressar o amor. Entretanto, impacta nossa saúde física, mental e emocional e precisamos aprender a lidar com isso. Negar é o pior caminho.

O que acontece é que, quando crescemos, essa memória dolorosa de abandono e a sensação de medo decorrente são disparadas quando estamos frente a uma situação parecida com a da infância ou adolescência. Sabe aqueles surtos de insegurança ou de raiva? Quando você reage demais a um pequeno acontecimento, sem saber controlar emoções e palavras? Pois é, todos nós sofremos de trauma de abandono em algum nível e com frequência temos medo de sermos abandonados, substituídos (como parecia com a chegada do irmão mais novo) ou não amados da forma que gostaríamos.

Quando achamos que não recebemos atenção e carinho suficientes, criamos dentro crenças do tipo: "Não mereço amor" ou "o amor não dura" e começamos a atrair situações desfavoráveis para confirmar essas falsas afirmações. É comum, por exemplo, buscarmos parceiros que reproduzam o roteiro de abandono conosco ou com nossos filhos. Ou então correr atrás de relações que nos deem muita segurança, pois as situações de mudança, de imprevisto, nos apavoram. Há ainda aqueles que se isolam emocionalmente ou desenvolvem vícios. Você se reconhece?

Superar o trauma do abandono exige olhar com carinho para nossa criança ferida e amadurecer emocionalmente. Segundo a psicóloga polonesa Alice Miller, é possível se libertar das consequências de uma infância ou juventude difícil. Para isso, é necessário reconhecer a versão real dos fatos, deixar de negar o sofrimento, desenvolver a empatia por quem fomos e entender as razões dos medos.

Conhecendo nossa história, somos capazes de dar a nós mesmos o que nos faltou por um motivo ou por outro: amor e respeito. Eu tenho feito isso há alguns anos, pois tenho um roteiro de vida bem desafiador e não quero repetir padrões negativos com meus filhos, mas eu já reconheço vários desafios que eles estão tendo que trabalhar emocionalmente; ainda bem que já começaram terapias bem mais cedo do que eu.

Cresci em um lar humilde e amoroso, onde meus pais lutavam muito para dar o melhor para mim e meus irmãos. Com 5 anos de idade, tive de enfrentar uma mudança que me trazia muita alegria e um pouco de medo: a chegada do meu primeiro irmão, bonito e peralta, muito querido desde aquela época. Nem sempre fomos tão próximos como somos hoje. Quando eu tinha 12 anos e ele uns 7 anos, eu achava que ele não gostava de mim. Apesar de eu gostar de brincadeiras de meninos, jogar bola, ele e meu irmão caçula não me chamavam para entrar na brincadeira, sinto que me viam como irmã mais velha mesmo.

Quando minha mãe saía, eu tinha a responsabilidade de cuidar deles, davam muito trabalho, pois não me respeitavam muito. Uma vez, eles fizeram tanta bagunça que eu decidi aprontar! Dei para cada um deles uma colher bem cheia de uma vitamina que costumava dar muito sono e o efeito foi imediato! Consegui respirar uns minutos e, quando me acalmei, me arrependi do que tinha feito. De tempos em tempos, ia checar se estavam dormindo ou tinha morrido. Que sufoco! Nunca fiquei com tanto medo!

Quando minha mãe chegou, logo me perguntou o que estava acontecendo que estava um silêncio. Acabei confessando o que havia feito e ela ficou muito brava comigo, nem sei como não apanhei naquele dia. Eles dormiram tanto que acordaram somente à noite... muito tarde. Depois daquele dia nunca mais eu fiz nada para eles pararem de fazer bagunça, pedi muito perdão para Deus.

Meu irmão do meio sempre chamou a atenção — por motivos positivos ou nem tanto. Lembro uma vez quando voltei da escola: minha mãe estava chorando na sala porque ele tinha caído de uma altura gigante, pois estava andando na grade. Ele bateu a cabeça, não sei como não morreu, ficou internado em observação. Eu fiquei muito triste de ver minha mãe naquele sofrimento e ele no hospital.

Eu tive muito medo de que ele morresse. Meus primos tinham perdido irmãos pequenos, eu me lembro de ver uma prima de menos de 1 ano em um caixãozinho (os velórios eram nas casas naquela época). Acho que, naqueles tempos, era mais comum as famílias perderem algum filho quando era mais novo ou ao nascer. Eu pensava que morria um filho de cada família. Pode?

Quando internaram minha mãe para dar à luz do meu segundo irmão, lembro-me de ficar na sala de espera do hospital, apavorada ao lado do meu pai. É claro que, naquela época, não se assistia ao parto. Ficamos no andar de baixo e minha mãe no quinto andar (onde era o centro cirúrgico), esperando, e logo meu pai foi chamado. Quando ele voltou, disse que achava que ele não era seu filho, pois nasceu negrinho! Na minha ingenuidade pensei: que estranho, será que minha mãe tomou muito café?

Imaginação de criança! A cor de pele diferente aconteceu porque ele estava passando do horário de nascer, os médicos explicaram. Para a tranquilidade da família, logo seu tom de pele mudou e ele ficou branquinho.

Quando meu irmão ainda era bebê, minha mãe engravidou do meu irmão caçula. Ele nasceu três meses depois do meu irmão completar 1 aninho. Como acontece em muitas famílias, a atenção de meus pais foi movida para os filhos mais jovens e eu senti muito! Parecia que não me amavam mais, que não tinha mais vez na minha casa, estava sempre em segundo plano. Eu me sentia sozinha e carente. Com 6 anos, comecei a chupar chupetas e mamar na mamadeira novamente, eu regredi emocionalmente!

Naquela época, eu comecei a visitar mais a casa da minha madrinha, para dormir lá e jogar dominó com meus primos. Lá eu era novamente importante e mimada. Minha madrinha fazia minhas comidas preferidas: nhoque e bolo de fubá com queijo. Hum!!! Dá água na boca só de lembrar! Tenho boas lembranças daquela casa, onde só se ouvia Roberto Carlos, e das minhas primas (elas eram como minhas irmãs mais velhas, acho que meu primo sentia ciúmes de mim!). Hoje uma delas é madrinha do meu filho! Voltava para casa com muitos presentes, roupas que elas tinham cansado de usar ou não serviam mais. Eu adorava esse oásis em meio a minha vida dura! Saudades!

Com muito trabalho, esforço e economia, meus pais conseguiram comprar finalmente seu primeiro carro. Eu nunca tinha imaginado que esse sonho poderia se realizar! Era um fusquinha azul, placa FH 2144 (não dá para esquecer, um marco da minha infância!). Como meu pai tinha dificuldades para ler e escrever, não podia entrar na autoescola para fazer o teste do Detran. Então, a minha mãe, emocionada, pôde realizar seu grande sonho de dirigir. Imagine uma mulher dirigindo naquela época. Ela sempre foi muito determinada e corajosa, dela herdei muitas características boas, como seguir em frente mesmo com medo!

Quando o carro chegou, minha mãe ainda não tinha carta, e foi um vizinho que o trouxe, o mesmo que vendeu. Ele foi direto para a garagem que meu pai tinha reformado! Eu lembro que, à noite e nos finais de semana, entrávamos todos no carro parado e minha mãe ficava sentada no volante, treinando as marchas e se sentindo dirigindo. Ela precisou de algumas aulas particulares para perder o medo, mas logo começou a dirigir. Eu achava o máximo sair de carro com minha família e minha mãe no volante! Não precisávamos mais subir a terrível ladeira a pé para chegar em casa, nem tomar chuva ou pegar poeira.

Muitas mulheres, amigas e parentes ficaram com uma certa “inveja” da minha mãe (eu acho!). Quando passávamos pela rua, eu percebia em seus rostos o estranhamento e um pouco de ciúme. Imagine 40 anos atrás, não era comum naquela época uma mulher dirigir e muito menos antes do marido. Minha mãe amava dirigir, embora meu pai tenha aprendido a dirigir depois de alguns anos. Ficou a recordação da cumplicidade entre eles: minha mãe sempre era ajudada ao volante pelas instruções certeiras do meu pai, ele era um companheirão e como um GPS sabia ir para todos os lados sem mapas.

Nossos passeios eram ir à igreja aos domingos e à casa da tia Luiza, onde se ouvia música MPB em alto som, havia um astral muito legal e eu podia brincar com as minhas primas menores. As festas de Natal eram maravilhosas e me recordo de que uma vez meu pai se vestiu de Papai Noel. Meus tios sempre passavam por lá e tinha a brincadeira de amigo secreto. A festa reunia todas as priminhas, umas mais legais, outras menos, mas eu sempre me dei bem com todas e mantenho uma linda relação, mesmo que muitas vezes à distância.

A infância traz boas lembranças e grandes aprendizados. Lembro que, em um desses Natais, ganhei do Papai Noel a boneca da Estrela Bate Palminhas, um sonho realizado. Eu e minhas primas brincávamos muito com ela — até por falta de outros brinquedos — e assim eu aprendi desde cedo a compartilhar e me alegrar com a alegria do outro.

Minha mãe sempre teve fé e foi muito ativa junto com meu pai na Igreja católica, onde eu e meus irmãos fomos batizados e crismados. Eu fui inclusive professora de catequese, como minha mãe. Meus pais eram bem engajados nas atividades, inclusive participavam e trabalhavam nos encontros de casais. Deus nunca faltou em nossa vida e eu agradeço! Minha mãe sempre dizia "pode pingar, mas jamais vai faltar nada em casa". E assim foi!

Eu estudei na Escola Estadual Professor Joaquim Leme do Prado no primário e ginásio, e fiz o jardim e a pré-escola na escola "Os Amigos", particular, onde lecionava a querida Tia Mirtes. Tenho certeza de que a escolinha era cara para o padrão de meus pais, mas eles se esforçaram para me dar essa oportunidade e sempre pagaram tudo direitinho.

Eu não era a melhor aluna, mas estava acima da média da sala. Eu sempre me comparava com as outras pessoas, um vício de quem tem baixa autoestima. No caso, eu queria alcançar minhas melhores amigas. Independentemente de resultados — uma bobagem, hoje eu sei — sou muito grata à professora Elisabeth, que me ensinou as primeiras letras e me acompanhou durante todo o primário, tenho muita vontade de revê-la.

Outra experiência marcante da minha infância foi poder ver meus personagens prediletos — Gato Feliz, Popeye, Pica Pau — na tela colorida da nova televisão. Coincidentemente, eu desenvolvi uma boa carreira no mundo do entretenimento, talvez para me lembrar sempre que é possível rir de tudo o que nos acontece. Ainda lembro do slogan: *That's all, folks* (isso é tudo, pessoal!, em português) que encerrava algumas cenas memoráveis!

Recordo que meu pai trabalhava longe, perto da Represa Guarapiranga, e que algumas vezes pescava uns peixinhos e levava no dia seguinte na marmita. Até hoje ele gosta de pescar e sempre que consegue se movimentar melhor vai pescar umas tilápias no tanque da chácara para minha mãe preparar.

Um dos maiores medos da minha mãe era que meu pai, que era autônomo, ficasse sem trabalho. Para garantir que isso não acontecesse, ela fazia novenas, íamos todas as segundas-feiras acender velas para as almas no Cemitério Chora Menino. Sempre voltávamos para casa com a certeza de que Deus nos ouvira. Até hoje minha mãe tem um certo temor de que faltem dinheiro ou outras coisas em nossas casas, creio que por conta de sua infância difícil, quando precisou pedir esmolas. Por conta disso, ela inclusive começou a vender produtos de beleza. Mas os tempos são outros!

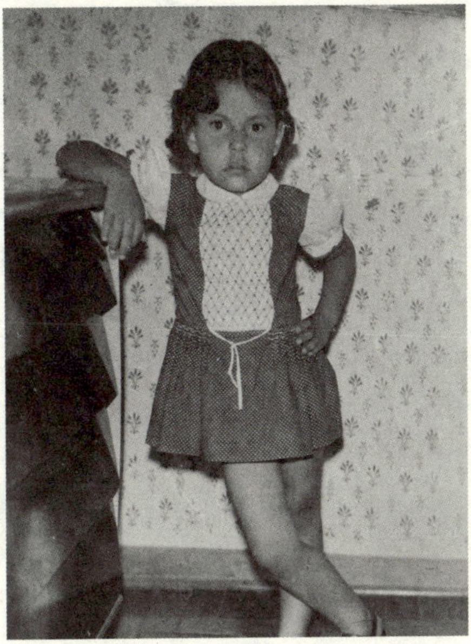

Eu não tive a quantidade de brinquedos que meus filhos tiveram, mas alguns marcaram minha infância, como um Bambi e um bebezinho pequeno com fraldinha e chupetinha de plástico. Muitos desses brinquedos eram doados pelo dono de um bar próximo à minha casa, o Sr. Caboclinho, muito envolvido com política (diziam!). Minha avó me ensinou a costurar para fazer roupinhas para a minha bonequinha bebê. Eu admirava muito minha avó, assim como sua capacidade de criar e costurar roupas muito lindas, feitas à mão.

Ela morou um período conosco. Ela já tinha ficado viúva, então me ajudava a cuidar dos meus irmãos para que minha mãe pudesse sair para vender produtos de beleza e depois roupas. Muitas vezes eu acompanhei minha mãe em suas vendas em domicílio e talvez daí tenha surgido o interesse em trabalhar na área comercial. Nós batíamos de porta em porta das casas no Jardim São Bento, um bairro nobre da região, e ficávamos na maior felicidade quando conseguíamos vender...

Ajudei muito também meu pai a fazer orçamentos de pinturas, eu recordo de dois clientes muito frequentes: Dona Carlinda e Senhor Thomas. Anos depois descobri que eles eram os donos da Catho, uma agência de empregos. Também tenho uma boa recordação de uma pessoa que trabalhava num banco alemão chamado Walter, que passou muitos serviços para meu pai. Eles tratavam meu pai com muito respeito e carinho, eu ficava toda orgulhosa! Chamavam até meu pai de Joãozinho.

A primeira vez que eu entrei no banco alemão e vi aquele escritório lindo, eu disse para o meu pai e prometi para mim mesma que um dia eu iria trabalhar numa empresa grande e falar aquelas línguas diferentes. Eu achava o máximo falar outros idiomas e direcionei minha vida para alcançar esses sonhos. Dito, sonhado e feito!

Durante toda a minha infância, cresci vendo meus pais trabalhando muito para não faltar nada em casa. Tivemos uma boa alimentação e sempre que possível alguns extras. O morango era uma fruta cara, mas eu e meus irmãos adorávamos. Então, minha mãe se esforçava para comprar uma caixa e dividir igualmente entre nós três. Ainda a escuto falar: um para você, outro para o Marcelo e outro para o Marcos. Em seguida cada um recebia seu precioso potinho com a mesma quantidade de morangos. Pequenos prazeres em tempos difíceis!

Sou profundamente grata a todos os sacrifícios e ao carinho de meus pais. Acredito fielmente que cada um de nós escolhe os pais antes de nascer, aqueles que dariam o ambiente adequado para nossos aprendizados, aqueles que nos despertariam para nossa missão. Percebo hoje quanto a história de vida dos meus pais me ajudou a construir a pessoa que sou, uma mulher valente e realizadora, mas que também precisa de carinho e atenção como qualquer outra pessoa.

Ainda me lembro do dia em que, vendo minha mãe lavar louça, declarei que iria trabalhar em um lugar grande como o tal banco alemão para ter condições de ajudar meu pai e minha mãe. Naquele momento eu decidi transformar minhas dores — minhas feridas sagradas — em forças para superar os limites da minha vida. Os anos passaram, os ventos mudaram e, graças a Deus, hoje posso ajudá-los financeiramente se precisarem. E lavar louça — que eu detestava naquela época — se transformou em uma forma de relaxar a mente e acompanhar meu marido em seu hobby de cozinhar. Novos tempos, novas crenças!

Desde criança, sempre gostei de roupas e de andar bem-vestida. Certa vez, meus pais foram a um bazar beneficente da Igreja Nossa Senhora do Brasil e compraram muitas roupas e brinquedos. Eu nunca tinha visto e ganhado tanta coisa. O tal brechó de roupas usadas garantiu que eu tivesse um vestido novo por dia para ir para a escola, porque o uniforme era somente um avental branco. Só comecei a usar roupas novas quando minha mãe começou a vender roupas e nós íamos juntas ao Bom Retiro (um bairro atacadista de roupas). Nós fazíamos reuniões para vender roupas em Itapevi, Carapicuíba e Jandira e tínhamos muitos clientes.

Com a venda de muitas saias e calças sociais, minha mãe e meu pai conseguiram juntar dinheiro para fazer algumas reformas em nossa casa, comprar nossos materiais escolares, entre outras coisas. Impossível esquecer a emoção de ganhar minha primeira Caloi. Era vermelhinha, eu não sabia andar e caí feio no piche recém colocado na rua. As marcas estão em meus joelhos até hoje! Também caí da garupa de uma motocicleta elétrica de um amigo do meu pai. Novamente, joelhos no chão! Nunca mais quis saber de motos, pelo menos aprendi a andar de bicicleta!

Tenho certeza de que a minha infância não foi diferente de muitas crianças da classe C e D do Brasil, com privações e aprendizados. Desde a gestação, a vida tem me pedido para transformar as dificuldades em oportunidades, seguir meu coração, fortalecer a determinação de dar meu melhor em qualquer lugar. A vida me convida a ser eu mesma e a deixar o outro também ser. Respeito é essencial.

A educação na minha casa foi muito rígida, minha mãe particularmente temia que fôssemos para o caminho do mal. Não era permitido errar e, seguindo o modelo de sua família, ela nos deu muitas palmadas para garantir isso. Eu entendo que isso foi simplesmente a repetição de um modelo de educação ultrapassado e que deixa marcas emocionais nos que são assim "orientados".

Minha mãe e suas ancestrais infelizmente não sabiam disso, mas consigo entender que as gerações estão evoluindo. Naquela época — como nas anteriores — não havia diálogos. Lembro da série "Maria Madalena", do Netflix, em que tudo se resolvia desta forma.

Procuro ter sempre em mente e no coração os 10 mandamentos, em particular, honrar pai e mãe. Com certeza, bater em seus filhos não é a melhor forma de educá-los, mas tento lembrar-me das intenções atrás desses atos, daí meu coração se aquieta um pouco. Errar é humano e o importante é que eu consegui identificar esse padrão de comportamento destrutivo e não passar ele para a frente. Assim evoluímos, através de erros e de acertos.

Escrever sobre meus 50 anos tem me dado a oportunidade de ressignificar muitos fatos, de reverenciar pessoas importantes — como minhas avós Angela e Arminda — e compreender que as atitudes e as falas daqueles que nos cuidam ou rodeiam ajudam a moldar nosso caráter e crenças. A filosofia budista tem me ajudado a renovar meu diálogo interior e me tornar um agente de mudança, principalmente para as mulheres.

Desde que comecei a praticar o *Nam Myoho rengue kyo* e o *Gongyo* (Sutra de Lotus), rezo por todos nós e pelos nossos antepassados. Tenho certeza de que minhas orações diárias estão transformando e iluminando nossas famílias e ancestralidade e, por efeito dominó, como estamos conectados, afetando positivamente todos a nossa volta.

Com nossos pensamentos, palavras e ações podemos fazer a diferença no mundo. Histórias de família são complexas, repletas de momentos de amor, tristezas e loucura. Não nos cabe relatar tudo nem julgar, mas apenas aceitar e transformar. Com o AMOR que conseguimos expressar primeiro por nós mesmos e depois pelos outros, do passado, presente e futuro.

E isso é realmente o que importa, pois, como dizem, quando morrermos a única coisa que nos será cobrada é se soubemos amar! O Amor é o único caminho!

CAPÍTULO 4

A ALQUIMIA INTERNA

"Uma grama de ação vale uma tonelada de teoria."

Friedrich Engels

Hoje, como mãe, eu sei que educar adolescentes e pré-adolescentes não é tarefa nada fácil, mas é instigante, emocionante e provavelmente uma fase que vai deixar saudades e trazer um retorno extraordinário. Emoções à flor da pele, desejo de amar e ser amado, curiosidade em alta, necessidade de ser reconhecido, de marcar seu próprio espaço, desejo de descobrir, de realizar e de contestar.

Vivemos uma grande revolução interna e externa na adolescência. O novo insiste em empurrar o velho para fora de nossas vidas. Nessa fase nos rebelamos contra nossos pais. É o momento da individualização, quando nos identificamos como seres separados de nossos progenitores ao negar suas recomendações, hábitos e até valores. Queremos emoção, vibração e muitas vezes agimos de forma impulsiva e não tão ajuizada! Arriscamo-nos em terreno desconhecido!

Parece fundamental ter privacidade, então o nosso quarto pode se transformar em nossa casa, para desespero de nossos pais. O que eu mais queria nessa época era ficar sozinha no meu quarto, ouvindo músicas, imaginando cenas de romance. Totalmente imersa em meu corpo de desejos, ficava relembrando passagens de paquera ou namoro, um beijo aqui, uma palavra bem ou mal colocada.

Minha filha está nessa fase, com um comportamento semelhante, sequestrada pelo mundo da tecnologia, dos games, da música, dos livros e contatos virtuais. Talvez já esteja sonhando com algum jovem, não sei. Há aspirações e vivências que não conseguimos partilhar com nossas mães, por mais legais e próximas que sejam. É só nosso! Nossa história! Achamos que somos adultos e o que mais queremos é amor, aceitação e respeito — inclusive por nossas ideias, sentimentos e espaço.

A função de educar é a mais importante do mundo, o papel dos pais é fundamental para a formação de uma pessoa única, exclusiva e inconfundível. Eles são as primeiras pessoas com quem temos contato, a quem vamos amar incondicionalmente, admirar e imitar em pensamentos, palavras e ações. São nossos primeiros modelos de conduta, portanto, tudo o que fazem ganha uma importância muito grande.

É necessário ficar muito atentos às nossas atitudes cotidianas. O exemplo dado pelos pais a cada momento — muito mais do que suas palavras — vai impactar em muito o futuro dos filhos. Pais *workaholics* tendem a formar adultos viciados em trabalhar em excesso, aqueles que falam pequenas mentiras entre si vão passar uma noção de incoerência e de que mentirinhas são aceitáveis, os que brigam sem parar transmitem uma mensagem subliminar de que relações amorosas são inviáveis. Já os pais que — através de terapia e esforço constante — conseguem ser mais equilibrados e coerentes facilitam a vida futura de seus filhos, ajudam a criar crenças mais positivas sobre a vida.

Claro que minha adolescência não foi nada fácil para mim e nem para meus pais, principalmente minha mãe. Naquela época, o papel da educação estava mais sob responsabilidade materna, daquela pessoa que ficava mais em casa.

Meu pai pouco se envolvia na educação e eu achava que era porque eu era menina, mas hoje percebo que ele simplesmente não sabia lidar com o sexo feminino. Minha mãe, por sua vez, tinha muito medo de tudo, me cerceava muito e temia que eu me "perdesse" com os meninos.

Eu deveria ter 9 anos quando tive aula sobre sexualidade na escola, na aula de ciências em um laboratório. Eu recordo que fiquei chocada de entender sobre a fecundação de um óvulo. Eu sempre fui muito inocente! Sabia que os bebês saíam da barriga da mãe, mas não tinha ideia de como entrava o bebê e por que algumas mulheres tinham filhos e outras não.

Naquele dia cheguei em casa bastante chocada, mas só mostrei para a minha mãe o absorvente "Sempre Livre" que havia recebido da professora. Eu recordo que minha mãe ficou muito assustada e me disse afobadamente: "Isso não é para criança!" Do alto dos meus conhecimentos recentes sobre sexualidade, eu respondi calmamente "Sim, eu sei".

Eu me senti poderosa de conhecer um pouco sobre a anatomia humana e todas as experiências que ainda iam acontecer em meu corpo. Que dádiva ser mulher, e poder ser mãe, ter uma criança, além de ideias, projetos e até um livro!

Mas, apesar disso, nunca mais peguei no tal absorvente. Eu o coloquei em uma gaveta, mas a natureza seguiu seu curso.

Nessa fase, comecei a quinta série e estava apavorada com tantas matérias novas e com a língua inglesa — uma novidade em minha vida. Eu não entendia nada e falar, nem pensar! Eu me esforçava muito e obtinha notas acima da média. Olha só: eu me cobrava desde cedo, o meu perfeccionismo aparecia! Eu tinha de me sobressair, de formar um bom histórico para ter uma vida melhor.

Mas a quinta série foi um dos meus primeiros grandes desafios, todos falavam que era muito difícil e que muitos repetiam de ano. Eu morria de medo de errar e de ser vista como burra. Como outras pessoas, durante toda a minha vida eu me julgava, mas também tentava provar para mim mesma que eu era capaz, acredita?

Uma das professoras da escola, que lecionava português, era muito rígida, tinha uma fama terrível. Para alguns alunos, parecia que ela falava grego, não entendíamos o que explicava e acabávamos tendo como lição extra fazer cópias para aprender melhor. Os textos eram gigantes e tínhamos que escrever a caneta no papel pautado, sem erros e sem corretivo. Eu passava horas e noites para finalizar aqueles textos. Que martírio!

Nessa época, minha mãe vendia muitos produtos da Avon para reforçar nosso orçamento doméstico. Saía muito, tinha muitos clientes e eu ficava com a minha avó e com uma prima. Ela era uma adolescente rebelde, que não gostava de estudar, fugia da escola para minha casa.

Minha prima reclamava que sua mãe brigava muito com ela. Minha tia/madrinha era uma pessoa muito trabalhadora e cuidava de seus 3 filhos sozinha.

O marido dela, irmão do meu pai, tinha saído de casa e nunca mais voltado, o que me trouxe uma certa estranheza. Como tenho comigo a certeza de que o pai é muito importante na formação da família, sei que a ausência do meu tio impactou muito o comportamento de minha jovem prima. Por mais que a mulher se sinta forte e capaz de tocar a vida e a família sozinha, poder contar com os dois progenitores faz muita diferença para o desenvolvimento e a felicidade dos filhos.

Voltando a minha história. Quando terminei o primeiro trimestre da quinta série, lembro de ter recebido minha carteirinha com três notas vermelhas: inglês, português e não me lembro da outra matéria. Fiquei chocada de receber três "D"s. Nunca havia passado isso comigo e eu me senti muito triste, perdida em meu desempenho fraco. Eu não tive coragem de contar para minha mãe, mas falei para esta minha prima.

No dia da reunião da escola do primeiro trimestre, eu cheguei em casa e minha mãe não estava. A minha prima me contou que minha mãe tinha ido à escola e alertou para eu me preparar para quando ela voltasse, "ela vai te pegar" disse. Ficou fazendo terrorismo comigo e ainda achava graça. O medo me travou, mas não tinha muito o que fazer, ela ia descobrir tudo lá.

Claro que, quando ela chegou, estava possessa com as notas vermelhas e com o fato de eu não ter avisado antes dela ir à escola. Que vexame! Ela imediatamente pegou a cinta para me bater e eu saí pulando até me esconder embaixo de uma cama beliche, onde fiquei acompanhada do meu medo e das piadinhas da minha prima, que ria e repetia "eu te avisei!".

Quando finalmente saí de debaixo da cama, minha mãe já estava mais calma, mas me colocou de castigo, só podia sair de casa para ir à igreja e para a escola, tinha de estudar e não podia brincar. Eu concordei, inclusive porque naquela época as crianças eram muito submissas. Além disso, eu estava com vergonha das minhas amigas por ter ido tão mal na escola. Acho que minha mãe também tinha vergonha das mães delas.

Havia muita comparação: lembro de minha mãe comentando que minhas amigas tinham notas boas e eu não. Ela perguntava criticamente: "Como você não consegue?" De passagens como essa vieram algumas mentiras que se alojaram dentro de mim: de não ser capaz, de não ser inteligente. Até hoje trabalho com essas questões, pois muitas vezes me pego pensando que minha inteligência é insuficiente e que sou apenas dedicada e esforçada. Incrível, não é mesmo? Como emoções que sentimos na infância permanecem conosco até a idade adulta, nos assustando.

Como previam, a quinta série foi um marco e a partir daí as coisas melhoraram. Na sexta série, o inglês era minha maior dificuldade, mas na matemática ninguém me pegava, história, geografia e ciências eu decorava tudo e, sim, conseguia boas notas. A tal professora raivosa continuava ensinado português, mas pelo menos não exigia mais cópias de textos longos, apenas muitas e muitas análises sintáticas.

Durante toda a minha adolescência estive muito envolvida com as atividades da Igreja, participei do grupo de crisma por dois anos, fiz muito amigos e amigas por lá. Na escola eu sempre tive as mesmas amigas que me acompanhavam desde o primário.

Lembro que, nos primeiros anos, tive duas paixonites: primeiro no pré, um menino loiro chamado André, e depois no primário, o Ricardo. Aos 12 anos, eu me encantei com o Beto, o galã da série e um dos meninos mais bonitos da escola. Como as outras meninas, eu vivia suspirando e correndo atrás dele.

Certo dia, fui convidada para ir ao aniversário de um colega da escola, a primeira festinha de amigos a que eu iria sozinha. Um mês para convencer minha mãe para deixar eu ir. Apesar de ter muitas opções (minha mãe já vendia roupas!), eu cismei de pegar emprestado uma blusa e uma calça de Lycra, um hit naquela época. O ambiente na festa era de danceteria e foi nesse primeiro bailinho que o Beto — aquele ídolo das meninas — me convidou para dançar uma música lenta, e adivinha o que aconteceu: pela primeira vez fui beijada na boca.

Nossa, que situação! Eu adorei o beijo, mas logo o inesperado aconteceu. A amiga que tinha me emprestado a roupa tão especial também gostava dele e, ao nos ver, começou a chorar. Em um primeiro momento, eu me senti mal pela minha amiga, mas depois desencanei e fiquei feliz porque estava namorando o menino mais bonito da escola. Minha autoestima se fortaleceu, pois eu nunca tinha me achado bonita, mas estava me sentindo o máximo nesse bailinho! Poderosa!

Era tanta paixão nos meses seguintes que eu já nem dormia direito, só sonhando. Já tinha meu próprio quarto e à noite ligava um rádio gravador cassete e ficava escutando músicas até dormir. Eu colocava baixinho e ficava o tempo todo pensando no beijo. Seguimos namorando por alguns meses na escola e ele sempre me esperava para irmos para casa juntos.

Um dia, na saída da escola, mudamos de trajeto e acabamos numa viela onde ficamos um pouco mais abraçadinhos. Imagine o que aconteceu: um de meus tios que não vinha há anos em minha casa passou justamente naquela vielinha e nos viu. Quando cheguei em casa, 10 a 15 minutos depois, minha mãe já estava furiosa e apanhei muito mesmo. Meu tio ficou só assistindo à surra! Claro, decidi terminar com o namoradinho depois disso, tinha muito medo...

Continuei seguindo meus estudos e participando ativamente do grupo de crisma. Acabei interessada em outro garoto, alto e charmoso, mas que tinha uma namorada. Eu tinha uns 14 anos e ele 17. Eu me declarei para ele em um encontro de jovens em São Roque e depois de um tempo ele acabou terminando com a tal menina e ficando comigo. Não durou muito e ele voltou com ela, levei um fora. O que não é nosso nunca dá certo!

Eu estava para festejar meus 15 anos. Minha mãe e meu pai prepararam uma festa com muito carinho para mim, mais de um ano de economias para alugar o salão, comprar a decoração, encomendar bolo e salgados. Convidei 15 garotas com seus respectivos pares, meus amigos na valsa de 15 anos. E chamei o tal menino para me fazer par. Ele foi, mas avisou que levaria a namorada à festa! Eu não gostei, mas aceitei, pois não tinha outra opção e nossos amigos eram comuns.

Minha festa de debutante foi um sonho, nunca me senti tão importante e privilegiada! Dancei valsa com meu pai, e depois com o famoso Beto, sendo filmada pela namorada dele. Eu achava que ele ia terminar com ela para ficar comigo, porque ele era católico e ela evangélica, mas estava enganada: eles se casaram e, alguns anos atrás, eu e meu marido os reencontramos em um encontro de casais de uma igreja evangélica. Foi estranho revê-los, mas fiquei contente em vê-los juntos.

Eu sempre fui namoradeira. Depois de terminar a 8ª série, prestei vestibulinho e fui aprovada para estudar em uma escola técnica. O curso escolhido era eletrônica, e só tinha quatro meninas. Eu me sentia mais inteligente, gostava da escola, mas não do curso e estava ansiosa para trabalhar de dia e estudar à noite. Nessa época, minha avó e minha mãe me controlavam muito para que eu e meus irmãos não ficássemos na rua, evitando as más companhias.

Em determinado momento, eu e uma amiga querida encontramos um emprego temporário durante as férias com a possibilidade de sermos efetivadas. Eu passei a pegar carona com meu pai até a Avenida Rebouças, onde estava localizada a empresa que editava as Páginas Amarelas, em frente ao Hospital das Clínicas. Depois de 30 dias de trabalho, descobri que eu era uma das dez selecionadas entre duzentas para ser efetivada. Fiquei muito feliz! Assim começava minha carreira profissional!

Até hoje eu não sei por que me efetivaram, porque os chefes não me conheciam e eu não fiz nada demais, apenas fazia meu trabalho com dedicação, amor e alegria — como faço até hoje. Como tinha de estudar à noite, resolvi empregar meu salário para cursar uma escola particular em Santana.

A vida foi correndo. Com o que eu ganhava, pagava a escola, os passes de metrô e ônibus e levava marmita todos os dias. Eu saía muito cansada do trabalho, dormia no metrô e um dia o sono foi tanto que acabei sendo convidada a me retirar do vagão, pois já tinha passado o terminal final.

Eu não ia bem na escola. Primeiro porque estava em um curso de processamento de dados e não entendia nada, depois porque me sentia como um peixe fora d`água na sala de aula, excluída no meio daquele pessoal "filhinho de papai", como se diz. Eu o dia todo trabalhando e eles falando sobre o que tinham feito no clube, no shopping. Descobri o significado da palavra exclusão e que não era tão bom como eu imaginara estudar em escola particular.

Em busca de um namorado ideal, conheci no trabalho um rapaz japonês muito inteligente e me apaixonei completamente.

Eu achava o máximo ele estudar jornalismo na PUC. Nunca tinha ouvido muito sobre faculdade e o convívio com esse rapaz fez a diferença em minha vida, acabou me incentivando a cursar uma faculdade — caminho que meus pais não tiveram a oportunidade de seguir, somente poucos na minha família.

Um dia ele me levou para visitar a universidade e fiquei encantada com o local, motivada para estudar ainda mais. Infelizmente aquele ano eu ganhei experiência de trabalho, mas fui reprovada, ficando em recuperação em mais de 5 matérias. No dia em que recebi as notas finais, fiquei arrasada. Como eu iria contar da reprovação para minha mãe e para os outros? Eu era muito certinha e tinha medo da minha mãe naquela fase.

Eu cheguei em casa e fui diretamente para meu quarto. Chorava como se alguém tivesse morrido e minha mãe se assustou. Entrou no quarto e perguntou: O que aconteceu? Foi demitida? Ela disse que previa isso com as notas que estava tirando. Eu não acreditei que estava sofrendo tanto e minha mãe estava mais tranquila. Ela disse até: "Minha filha, um dia a gente ganha, em outro dia perde. Você ganhou experiência no trabalho e reprovou na escola. Olhe o lado bom".

Surpresa com a reação compreensiva da minha mãe e desconsolada com o tempo e dinheiro gastos naquele ano, eu não sabia o que fazer. Deveria parar de estudar? Desistir? Nesse momento minha mãe me surpreendeu mais ainda ao sugerir que eu recomeçasse, voltasse para a escola estadual. E assim foi, quando me matriculei novamente na escola antiga fui tão bem recebida que quase não acreditei o quanto as pessoas e os professores eram atenciosos e apreciavam a minha presença.

Por outro lado, todos os meus amigos já estavam no terceiro colegial. Eu tive de abaixar a cabeça e com humildade retomar os estudos. Como minha mãe havia advertido, às vezes ganhamos, outras não, o importante é seguir em frente, não desistir. Mesmo que isso signifique dar um passo para atrás.

Tudo parecia ser tão fácil naquele ambiente, eu me sentia parte e entendia com mais facilidade o que era transmitido. Novamente me surpreendi, eu estava tirando as melhores notas e continuava trabalhando. Nos dias de provas, principalmente de matemática, muitos alunos queriam estar próximos de mim, para eu ensinar algo antes da distribuição das folhas ou para simplesmente colar.

Estava me sentindo muito feliz e acolhida quando repentinamente fui demitida, juntamente com mais 150 pessoas em um grande corte na empresa. Fiquei desempregada de uma hora para outra. Mas na vida, como fui aprendendo, os momentos bons e ruins se alternam. Fui para escola muito triste, mas um amigo especial, que enfrentava problemas bem maiores sobre uma cadeira de rodas, acabou me orientando a fazer meu primeiro currículo e o entregou na empresa onde ele trabalhava. Fui contratada e a esperança retornou à minha mente. Não há mal que sempre dure...

Para finalizar este capítulo, me arrisco a dizer que a adolescência é como uma montanha russa, onde passamos por muitas transformações emocionais e físicas. As mudanças físicas podem ser vistas a olho nu, porém as emocionais são mais dramáticas e praticamente invisíveis para a própria pessoa. Somos desafiados a enfrentar o novo, a rever crenças e padrões familiares e culturais, a construir nossa própria história, a conviver com nossas emoções e nossos sonhos.

Toda essa alquimia interna e externa nos prepara para sermos nossas melhores versões e para seguirmos na grande e deliciosa aventura que é viver!

CAPÍTULO 5

TEIA DE RELACIONAMENTOS

"Você nasceu para vencer."

Angela Cortez

Desde criança, eu tinha o sonho de vencer na vida e uma grande vontade de ajudar meus pais. Depois de uma infância com muitas restrições e assistindo à luta diária de meus pais, queria escrever um roteiro diferente, viver com mais equilíbrio financeiro. Queria comprar muitas roupas, andar toda "arrumadinha" como as outras mulheres, e detestava qualquer trabalho doméstico. Arrumar meu quarto ou secar as louças do almoço era muito desafiador! Um suplício, para falar a verdade!

Meu negócio era estudar e trabalhar, ocupar um lugar numa empresa, com um ambiente amplo e muitos funcionários. Lembra o banco alemão? Durante a adolescência, eu fiz o curso de datilografia e amei descobrir onde as letras estavam no teclado da máquina de escrever. Logo, já estava ajudando meu pai a preparar os orçamentos de pintura e a entregar os documentos em escritórios e bancos.

Depois das Páginas Amarelas, meu segundo emprego foi no Grupo Fenícia, ao qual pertenciam as Lojas Arapuã, uma rede de lojas que vendia eletrodomésticos e eletrônicos. Eu era bem simples e corajosamente sonhava em fazer faculdade. Lembro que fui para a entrevista de emprego vestindo uma bermudinha rosa, uma camisa branca e uma sapatilha, algo que jamais vestiria hoje — mas eu sentia que estava bem arrumadinha.

Fui entrevistada pelo diretor da área comercial , que me fez muitas perguntas, e fiquei preocupada se estava respondendo direito ou não. Eu nunca havia falado com um diretor e estado em um escritório grande e lindo como aquele. Durante a entrevista ele me informou que havia três vagas de emprego, uma para ser secretária dele, outra vaga com um diretor da área branca (geladeiras, fogão etc.), e uma terceira para ser a assistente de três gerentes comerciais.

Quando me perguntou, eu disse que preferia ficar com os gerentes, pois precisaria de mais experiência para trabalhar direto com algum diretor. Ele entendeu meu ponto e sinto que minha honestidade ajudou que ele me contratasse. Trabalhar com os gerentes foi incrível, um era mais sério, o outro mais brincalhão e a outra muito linda, culta e elegante. Lembro que ela jogava tênis no clube no horário do almoço e me ensinou fazer as contas de *markup* (calcular a margem de lucro). Conheci muitas pessoas interessantes, as empresas para as quais trabalhavam, os fornecedores de todas as linhas de produtos.

Recordo que todas as segundas-feiras tínhamos que recortar os anúncios da concorrência para analisar os preços dos concorrentes. Às quintas-feiras, era o dia de avaliar quais seriam as promoções dos finais de semana. O melhor é que a mudança de preços era informada por telex para mais de 300 lojas! Era feito uma gravação em papel, a ser enviada a cada uma das lojas. Acho que meus filhos não podem nem imaginar esse sistema de informação tão obsoleto!

Estava cursando o último ano do colegial na escola estadual onde estudei em toda a minha infância. Trabalhava o dia todo e, à noite, estudava. Tinha que pegar dois ônibus pela manhã e muitas vezes um deles estava lotado — como ainda acontece em muitas linhas em São Paulo — a ponto de eu não conseguir alcançar a parte da frente do ônibus, sendo obrigada a descer pela porta de trás. Nessas vezes, acabava não pagando a passagem e morria de medo de ser presa! Imagine a vergonha que seria!

Comecei a ganhar um pouco melhor naquela época e, como só gastava com a condução, pois levava marmita e não ajudava em casa, comecei a guardar um tanto por mês. Naquela época, depositar dinheiro na caderneta de poupança era muito comum nas famílias simples e trabalhadoras. A gente economizava com medo de que um dia iria faltar, mas eu guardava porque eu não gostava de andar a pé e queria comprar um carro quando completasse 18 anos.

À noite, quando eu saía da escola, eu tinha muito medo de andar na rua, mas não queria que meu pai ou minha mãe fossem me buscar de jeito nenhum. Eu queria me sentir independente, até o dia em que fui assaltada por outra aluna da escola! Todas as pessoas diziam que aquela moça era perigosa, mas eu nunca imaginei que seria comigo, ela tirou minha blusa de frio e meu relógio. Foi uma sensação péssima!

Depois daquele dia pedi para meu pai ir me buscar, principalmente quando estava frio e havia poucas pessoas na rua. Quando ele não podia vir, eu saía no meio de todos os alunos, andava quase correndo, olhando para trás e rezando o Pai Nosso. Nessa época eu estava namorando aquele garoto oriental e nem sei como fiquei tanto tempo com ele, pois não tinha nada a ver comigo. Dizem que o amor é cego e eu acho que é mesmo. Eu namorava em casa, somente podia sair de dia e tinha horário para voltar. Um contexto bem diferente do que hoje acontece.

O ano escolar estava quase terminando, eu me preparava para a formatura e não podia acreditar que ia prestar vestibular. Tive coragem de fazer a inscrição para o vestibular porque descobri que a empresa onde trabalhava oferecia um benefício de pagar parte da mensalidade da faculdade (o mínimo era 50% e, se as notas fossem melhores, podia chegar até a 90%!) Lá fui eu então, prestar FUVEST, FMU e a PUC. Era realmente a oportunidade da minha vida.

Infelizmente não passei na FUVEST, onde a concorrência é grande, muitos candidatos vêm de escolas particulares, fazem um ano de cursinho preparatório e provavelmente não trabalham durante o dia. Concorrência desleal, né? Na FMU passei, mas o curso que havia escolhido era em Santo Amaro e, na tão sonhada PUC, eu não passei na primeira chamada. Fiquei triste, mas descobri que tinha outras chamadas. Eu ainda tinha chance de entrar!

Eu tinha muito medo de não conseguir, pois naquele ano o vestibular foi difícil e 100% dissertativo. O jeito foi recorrer às orações. Como já contei, minha família sempre foi muito católica e eu ia nas missas todos os domingos, confessava e comungava. Eu pedi então ajuda a Deus, que ele me desse aquela oportunidade. Minha mãe fez o mesmo.

Chegou o dia de ir à PUC para ver o resultado da segunda chamada, percorrer com ansiedade as grandes listas fixadas nas paredes. Morrendo de medo de fracassar, eu demorei para encontrar a relação de Ciências Econômicas e quase não acreditei quando vi o meu nome como primeiro da lista. Quanta emoção, quanta alegria! Senti que era um presente do Céu para mim.

Logo, a realidade me desafiou com os valores da matrícula e das mensalidades. Bem altos! Era bem mais do que eu ganhava, eu não tinha como pagar a matrícula, o dinheiro guardado na poupança tinha dia certo para sacar. Fui até o orelhão para ligar para meus pais. Para quem não sabe, esse era o nome dado ao telefone público, usávamos fichas para telefonar. Comecei a chorar mesmo antes de contar que tinha entrado na faculdade. Eles ficaram radiantes, acho que eles nem sabiam muito o que era uma faculdade, mas sabiam que eu queria muito estudar.

Quando cheguei em casa, eu conversei com eles e perguntei se poderiam me emprestar parte da matrícula. Lembro que meu pai tinha o hábito de guardar algum dinheiro nos bolsos do paletó ou nos cantos do guarda-roupa. Imediatamente, ele pegou o que tinha, minha mãe tirou um pouco do dinheiro da Avon e eu entrei com o que tinha. Conseguimos fazer a matrícula e, com o recibo, pedir o reembolso na empresa. O desafio agora era me manter no emprego por 5 anos — o período do curso de Economia — para arcar com as despesas.

Quando preparei a documentação para pedir o reembolso, aconteceu algo muito especial. Primeiramente, os gerentes com quem eu trabalhava me presentearam com flores. Eu nunca tinha recebido flores na minha vida, que felicidade! Depois entreguei o documento para a secretária do diretor geral, aquele que tinha me entrevistado, porque ele tinha que assinar para que fossem pagos os 50% da matrícula.

A secretária colocou na mesa dele o documento, no meio de vários documentos que ele necessitava assinar. Quando ele viu o pedido de reembolso, pediu para a secretária me chamar. Eu fiquei apavorada, pensei imediatamente: o que será que eu fiz? Entrei na sala apreensiva, mas ele me convidou a sentar e me parabenizou por ter entrado na PUC.

Foi impossível conter as lágrimas naquele momento. Que emoção, que felicidade! Agradeci muito a gentileza, ele assinou o documento e me informou que sua secretária havia se demitido e que gostaria que eu trabalhasse para ele. Com medo de não corresponder, eu fiquei gelada e disse que ia pensar. Oh, insegurança de todos nós! Temos sempre de trabalhar isso!

Eu não sei como saí da sala dele, mas eu tremia de alegria e felicidade. Quando cheguei em casa e contei para minha mãe, ela me deu muita força e garantiu que daria tudo certo. No outro dia, fortalecida pelas palavras da minha mãe, voltei à sala dele e disse que aceitava a proposta de trabalho. Estava feliz e com medo, mas aceitei mesmo assim. Isso é o que significa ter coragem — agir apesar da presença do medo por algo ou alguém.

Os gerentes com quem eu trabalhava sentiram minha saída, mas ficaram muito contentes. Devo muito a eles, me ensinaram muito em meu começo de carreira. A secretária que estava saindo me orientou sobre o trabalho, o jeito de organizar e fazer as coisas e em poucos dias lá estava eu, na antiga cadeira dela. O que mais me preocupava era datilografar os memorandos na nova máquina de escrever elétrica; quando eu estava bem adaptada com uma IBM, mudaram para uma Olivetti.

Foram dois começos juntos: os estudos na PUC e minhas tarefas como secretária do diretor. Tudo correu bem no trabalho e em pouco tempo recebi um aumento de salário, o que já me ajudou a organizar melhor minhas despesas e viver com um pouco mais de tranquilidade. Saía do trabalho todos os dias e ia para a faculdade. Eu era a rainha da carona, sempre ia com algum amigo para a PUC.

Na saída da faculdade, eu tinha que pegar um ônibus e descer em um lugar perigoso, em um bairro chamado Parque Peruche. Então meu pai ia me buscar de carro naquele ponto todos os dias às 23h00 ou 23h30. Eu também ficava preocupada com ele me esperando no carro sempre que me atrasava por causa da aula. Quem tem filhos na faculdade sabe...

Nessa época eu ia completar meus 18 anos e queria realizar meu sonho de comprar meu carro. Eu tinha dinheiro guardado, da primeira empresa em que eu havia trabalhado e de onde havia sido demitida, o dinheiro que a patroa da minha mãe, Dona Iraci, sempre me dava e o dinheirinho que meu pai depositara mensalmente desde quando eu era criança.

Com tudo isso, um amigo de meu primo mecânico acabou me vendendo um fusquinha. Precisava somente trocar o assoalho, mas o motor estava ótimo, garantiu. Fomos ver o carro e tomei logo a decisão de comprar. Meu pai não acreditou na minha coragem, saquei tudinho da poupança. Eu já tinha um carro, mas não sabia dirigir ainda e nem estava na autoescola.

Uma semana depois, quando fiz 18 anos, fui à autoescola, parcelei o valor e comecei a fazer aulas. Nossa, como eu era ruim no volante! Acho que sou até hoje! Era difícil dirigir, mas pegar ônibus era ainda pior. Meu querido padrinho era muito bom motorista, tinha ajudado meus pais aprenderem a dirigir, e resolveu me dar umas aulas.

Parecia extremamente difícil fazer tantas coisas sincronizadas, olhar para tudo, controlar a direção, trocar marchas, pisar nos pedais e soltar o freio de mão. Tudo na hora certa! Era muita coisa ao mesmo tempo. Deixei o carro morrer muitas vezes, mas não desisti. Eu fiz três testes de volante pelo Detran e não passei! Depois acabei finalmente aprovada.

Quando me via dirigindo o meu fuscão 61, amarelo quindim, eu me achava o máximo! Eu ia trabalhar de carro muitas vezes, porque depois tinha que ir para a faculdade. O carro morreu muitas e muitas vezes frente a semáforos fechados e fui apelidada de barbeira por muitos companheiros de volante, geralmente homens. Que tristeza: eu suava frio, mas não me preocupava, essa fase ia passar. Aprendi a me virar. Por conta de segurança, aprendi até a tirar uma peça — o cachimbo do carro — para não roubarem meu carro.

No período em que namoramos, muitos japoneses estavam indo para o Japão para trabalhar e ganhar dinheiro. O primeiro a ir da família dele foi o cunhado, depois a irmã e depois a mãe. Mesmo formado na faculdade, ele estava infeliz profissionalmente e sem dinheiro.

Como cresci em uma família de nordestino, em que os homens trabalham e sustentam as mulheres, eu achava aquilo tudo um absurdo. Eu tinha um salário melhor, o reembolso para pagar a faculdade, a gasolina, aquele descompasso me fazia muito mal. Então comecei a convencê-lo a viajar para o Japão. Demorou um pouco, mas ele decidiu ir, mesmo contrariado. Ele queria ficar, mas estava sem opções.

Finalmente chegou o dia da grande despedida do casal. Foi um dia triste, mas ao mesmo tempo feliz, pois eu me senti aliviada. Como é difícil falar, não? Eu sempre preocupada em não magoar as pessoas. Antes da partida para o Japão, ele me deu a incumbência de cuidar da casa deles.

Sem saber o que fazer, eu aceitei, era perto do meu trabalho e da faculdade. Convidei uma amiga para morarmos juntas e ela aceitou! Daí o meu maior medo era falar com meus pais, descobrir se eles iriam permitir uma mudança. Pensava que não me deixariam sair de casa, mas eles me surpreenderam. Sabiam que era puxado para mim acordar cedo e dormir tarde, e morando mais perto eu poderia descansar mais. Mesmo apegada aos meus pais, encarei corajosamente esse novo desafio da vida. Eu só tinha 18 anos, hoje penso: era uma criança.

A primeira coisa que eu e minha amiga fizemos foi uma grande faxina, nunca joguei tanta coisa fora: mais de 500 potes de margarina vazios, pilhas de jornais, revistas e muitas coisas mais. Depois meus irmãos e meu pai pintaram as paredes e finalmente estava pronta para nós. Até comecei a achar legal ficar lá!

Como não levei todas as coisas para essa casa, a minha rotina de final de semana era visitar meus pais. Uma das vezes, em um domingo, um dos irmãos do meu pai foi nos visitar. Ele era legal, mas tinha uma postura de mandão, gostava de dar "lição de moral" para as pessoas. Quando descobriu que estava morando em outra casa, foi logo esculachando meu pai, criticando a liberdade que ele me dera.

Foram passando dias e meses desde que o meu namorado havia partido. A cada semana chegava uma carta e eu também enviava cartas quase que diariamente. Quando ele partiu, eu achava que não gostava dele, mas acabei descobrindo que o que sentia era falta de sua companhia.

Nessa época eu ainda trabalhava na grande rede varejista, como secretária-assistente do diretor geral da área de compras e sempre passava ligações telefônicas para ele. Um dia ligou uma pessoa diferente: um *headhunter*. Eu não fazia ideia do que era, mas senti que ele havia ficado muito contente com a chamada. Algumas semanas depois, ao levar uns documentos para o meu chefe assinar, ele me perguntou se eu iria trabalhar com ele em outra empresa. Dessa vez, tive uma resposta tão rápida que nem eu acreditei, disse sim na hora!

Eu fiquei pensando um pouco sobre o assunto, mas logo veio um pensamento: se você não for trabalhar com ele em outro lugar, pode ficar sem lugar na empresa e não terá como pagar a faculdade. Secretária sem chefe é rua na certa! Eu contei a situação para meus pais e eles concordaram com a minha decisão, acharam que havia feito bem. Minha mãe usou uma de suas costumeiras frases: "Seja o que Deus quiser".

Ele saiu numa segunda-feira, mas deixou tudo organizado: eu trabalharia com os gerentes até ele me chamar. Eu fiquei muito preocupada, porque minhas notas estavam bem na faculdade e eu já tinha quase 75% da faculdade sendo paga pela empresa. Ele me perguntou: "Você não quer saber onde vamos trabalhar?" Era no Makro Atacadista.

Na mesma hora já veio uma imagem na minha mente, daquele lugar em que eu não podia entrar quando era criança. Em muito pouco tempo, lá fui eu para a nova empresa com meu fuscão quindim, que molhava meus pés quando chovia, pois a água entrava. Feliz da vida, entreguei meus documentos e recebi minha indenização. Que alegria, tinha um novo emprego e ainda por cima poderia trocar o assoalho do carro, além de guardar um pouco de dinheiro.

Comecei a trabalhar. Agora já não era tão perto, era no Butantã, e o carro, mesmo com o assoalho trocado, continuava sendo 1961. Deixei passar algum tempo e fui com meus pais à feira de carros, onde vendi o Fusca e consegui comprar um Gol a álcool. Que maravilha, eu estava tão feliz com minha vida que até dirigia melhor.

Eu seguia trocando cartas semanalmente com o namorado do Japão durante todo aquele ano e estudando bastante nos finais de semana, mas comecei a sair mais com a amiga que morava comigo. O que eu não esperava é que iria me apaixonar nesse novo trabalho! Sim, eu me encantei com o jeitinho de uma pessoa que estava me ensinando a usar um microcomputador (que era um por área naquela época!)

Lembro que as aulas eram sobre o DOS (antigo sistema operacional) e eu quase não entendia o que o instrutor falava. Parecia que estava falando grego, eu cheguei a cochilar em alguns momentos. Eu me sentia envergonhada, pois era a secretária do diretor de compras de não-alimentos, o que os outros iriam pensar?

Quando fui chamada para trabalhar no Makro, eu perguntei ao meu chefe se ele poderia no futuro me dar uma oportunidade para trabalhar na área de compras. Afinal, eu estava estudando economia e não queria ser secretária por toda a vida. Ele concordou e prometeu que, depois de um ano, um ano e meio, iria pensar nesse assunto. Até lá precisava muito da minha ajuda.

No novo trabalho, o meu salário melhorou um pouco mais e eu tinha um plano de saúde. Rindo, recordo que eu achava o máximo ir ao médico ou a um ambulatório, fazer os exames quando precisava. Foi quando eu decidi que meus pais e meus irmãos também deveriam ter um convênio. Fechei com a Transmontano, o plano mais acessível e sem carência de atendimento que encontrei. Meus pais ficaram radiantes e eu mais ainda, começando a cuidar de quem me deu a vida.

Em uma festa de final de ano em um sítio, um churrasco para os funcionários, percebi que o tal professor de informática estava me rondando. Eu estava conversando com algumas amigas do trabalho, sempre mais velhas que eu, casadas e com filhos. Quando estava quase indo embora, meu coração gritou "volta para a festa e tenta se aproximar do tal professor". Então voltei, mesmo com o risco de ele não estar mais lá ou quem sabe me esnobar.

Quando cheguei à festa novamente, imediatamente avistei o paquera de longe e meu coração disparou. Eu fiquei toda feliz, mesmo com minha consciência me lembrando que eu tinha um namorado e que trair era inadmissível. Outra voz, no entanto, esclarecia que não era proibido ter amigos. Eu não sabia como esse momento seria importante em minha vida! Recordo até hoje: era 23 de dezembro!

Ele se aproximou de mim, disse que tinha me procurado durante toda a festa e eu falei que estava de saída, mas havia esquecido a bolsa no carro de uma amiga. Uma mentirinha para não dizer que estava louca para falar com ele. Ele sabia que eu tinha um namorado no Japão e era bem cuidadoso com as palavras, pois não conseguia imaginar a minha reação. Ficamos conversando muito tempo até que o chefe dele o chamou para ir embora. Ficamos tristes em nos afastar, mas a festa estava mesmo acabando.

Na hora da despedida, ele me convidou para sair naquela noite. Inicialmente, fui tomada pelo medo de estar fazendo algo errado, mas acabei dizendo sim, pois meu coração respondeu por mim. Voltei alegre e saltitante para casa onde morava com minha amiga e ele para São Caetano do Sul. Que disposição ir até lá e voltar para encontrar comigo na Avenida Angélica, onde eu morava.

Quando cheguei em casa, contei tudo para minha amiga e ela me respondeu que eu não deveria me fechar para as oportunidades, que meu namorado estava no Japão e não tinha sentido ficar anos esperando por ele, sem nem saber se iria voltar. Eu era jovem e tinha uma vida pela frente. Parece que, naquela hora, ela abriu meus olhos e eu concordei: ela estava certa, eu não podia viver presa a esse compromisso tão distante.

Foi assim que entrei no carro dele, um Uno branco, para ir a uma leiteria. Eu não me lembro mais o que conversamos, mas eu me senti muito feliz e naquela noite quase não dormi. Só ficava pensando nele, nem lembrava do namorado. Na época não havia celular, somente telefone fixo. Eu passei para meu novo amigo o número da casa da minha mãe e ele me deu seu telefone residencial. Eu não podia conversar muito, pois era Natal e estava com meus pais, mas liguei para desejar Boas Festas.

Estava realmente apaixonada! Nunca poderia imaginar que ele seria o meu futuro marido, com quem estou casada há 27 anos, o pai dos meus filhos. Voltamos a nos ver no Ano Novo. Cada novo encontro me fazia ficar mais apaixonada e eu sentia que ele também, mas tínhamos 10 anos de diferença e isso pesava muito na relação. Ele me considerava uma menina, eu só tinha 19 anos.

Eu não escrevia mais cartas e meu ex-namorado pressentiu que algo estava errado, podia haver outra pessoa. Um dia ele me ligou no trabalho e quando ele me questionou sobre o que estava acontecendo, desabafei: havia conhecido uma pessoa com quem estava saindo e era melhor terminarmos. Assim ele ficaria livre e eu também; ele chorou muito, mas eu fiquei aliviada.

Naquela noite, quando contei nossa conversa ao Wilson, ele ficou muito emocionado e feliz. Algo tinha saído do meio de nós! Começamos a namorar firme, mas eu ainda não tinha coragem para contar sobre ele para meus pais. Somente havia dito que tinha terminado com o namorado e feito um acordo de ficar na casa dele até que alguém retornasse do Japão. Eu e minha amiga pagávamos todas as despesas da casa, inclusive o aluguel.

O Wilson conheceu meus pais em uma batida de carro, na volta da casa da minha mãe. Eu tinha batido meu carro e pedi emprestado o carro novo da minha mãe e acabei batendo também, quase dando perda total. Volante não era para mim! Liguei para o Wilson e para meus pais, pois o radiador tinha estourado e precisava chamar o guincho. Ainda bem que minha mãe sempre pagou direitinho o seguro do carro.

Nesse dia movimentado meu pai e minha mãe foram apresentados para o Wilson, meu amado de sempre. Minha mãe e meu pai, muito desconfiados, só olharam para ele, não disseram nada. E ele ficou ali, meio sem jeito, sem reação também. Eles voltaram para a casa em seguida, mas eu precisei ir para a delegacia para registrar o ocorrido — como ainda acontece hoje.

Eu me sentia bem comigo mesma nessa época, com um bom emprego e um bom namorado. Estava com autoestima alta e criei coragem para conversar com o meu chefe sobre "aquele" assunto, a oportunidade que ele prometera me dar. Disse que eu gostaria de trabalhar em alguma área de compras, que estava pronta para crescer, para ter novos desafios.

Para minha surpresa, ele concordou prontamente, com uma condição: eu precisava encontrar uma pessoa para me substituir. Mais que depressa, eu liguei para uma secretária que trabalhava na outra empresa conosco, para saber se ela tinha interesse em mudar de emprego. Ela mandou o currículo e logo eles estavam conversando pessoalmente. Ele já a conhecia e gostou da ideia, então tudo foi muito rápido.

A meu pedido, fui trabalhar na área de *softlines* (de moda), a de que eu mais gostava. Depois de um mês, era assistente comercial da área de confecção infantil. Comecei essa nova fase da minha vida com muito gás, satisfeita comigo mesma por ter conseguido chegar até ali e disposta a ir bem mais longe. Sou uma pessoa persistente e interessada em aprender.

Confesso que, às vezes, por conta de minhas conquistas, sou meio mandona, impulsiva e arrogante, mas com o passar dos anos tenho aprendido a lidar melhor com essas características. Também aprendi a estabelecer metas e a trabalhar em equipe, valorizando as qualidades de cada um e aprendendo a conviver com suas limitações ou traços de caráter. É necessário ter tolerância acima de tudo! Ninguém é perfeito!

Mais ou menos um ano depois, fui promovida a compradora, fui muito incentivada pela gerente da área, pois o gerente anterior havia se desligado para ir para outra empresa.

Eu me dedicava muito ao trabalho, muitas vezes faltava na faculdade, pois ficava até tarde no escritório, e perdi muitos finais de semana de lazer com a família e o namorado. Foi nessa posição que aprendi a negociar profissionalmente, embora eu tenha recebido um super treinamento de minha mãe.

Meus pais e o Wilson sempre me incentivaram muito e acreditavam em mim, mesmo quando estava cansada e com muitas tarefas da faculdade acumuladas. Foi nessa época que tive minha primeira experiência de viajar de avião. Fui com o Wilson para o Nordeste, foram os quinze dias mais incríveis da minha vida. Visitamos Fortaleza, Natal e a cidade onde meu pai nasceu, encontramos amigos e eu tomei a decisão de voltar lá um dia, junto com meus pais! Eu sentia necessidade de compartilhar com eles momentos tão bons como aqueles!

Um dia recebi uma ligação da irmã do ex namorado, informando que havia retornado ao Brasil e precisava da casa. Eu imediatamente me dispus a mudar no final de semana seguinte, embora minha amiga não tenha gostado muito do prazo. Foi uma sensação muito boa sair daquela casa, pois não tinha mais nada a ver manter a ligação com aquela família. O retorno para a casa dos meus pais foi um recomeço em nosso relacionamento, considerando que eu tinha agora uma vida mais independente e ali eu teria de voltar a me submeter às regras da casa.

Durante esse período parece que o namoro ficou mais firme ainda, o Wilson começou a me apresentar a toda a família dele, passei a frequentar mais a casa deles e ele a casa da minha família. De repente, o relacionamento ficou muito sério. Ele já tinha 32 e eu 22. Em novembro de 1993, depois de quase dois anos de relação, decidimos ficar ainda mais juntos e alugar o apartamento do meu diretor anterior, que estava disponível.

O novo apartamento era pequeno e ficava em um bairro nobre, Higienópolis. O aluguel não era caro e poderia nos acolher até que ficasse pronto o apartamento que tínhamos comprado juntos na Mooca. Lembro ainda hoje de quando ele me disse: "Fale com o seu diretor se alugaria esse imóvel para nós" e eu ousadamente perguntei: "Isso é um pedido de casamento?" Ele disse sim e eu não coube em mim de emoção! Casar?!!! Agora sim, só faltava o diretor topar nossa proposta. Imagine minha alegria e ansiedade!

Ele aceitou e nesse mesmo dia decidimos que nos casaríamos. Ele falou com os pais dele e eu falei com os meus em um café da manhã. Minha mãe logo me perguntou se eu estava grávida e eu disse que não, mas com muita felicidade. Alguns meses depois, no Natal, as duas famílias se conheceram e ficamos noivos.

Queríamos nos casar em janeiro, mas as igrejas não tinham data e o padre que eu queria que realizasse nosso casamento estava de férias, então ficou agendado para 5 de março de 1994. Assim as pessoas próximas de nós, em casa ou no trabalho, foram se entrelaçando e nos ajudando a construir uma teia forte de relacionamentos, de amores e aprendizados. Assim eu iniciava uma nova vida dentro dessa mesma vida!

CAPÍTULO 6

A SOMA DOS AFETOS E DORES

"O amor só é lindo
quando encontramos
alguém que nos
transforme no melhor
que podemos ser."

Mário Quintana

O casamento não é uma aventura nem um "tiro no escuro", como dizem alguns. É, sim, um projeto sério de vida a dois, em que cada um está comprometido em fazer o outro crescer, isto é, ser melhor a cada dia. Se a esposa não se torna melhor por causa da presença do marido a seu lado e vice-versa, então o casamento não tem sentido, pois não realiza sua primeira finalidade.

Para ajudar o outro a crescer é preciso aceitá-lo como ele é, com todas as suas qualidades e seus defeitos. A partir daí é possível, com muita paciência, fé e carinho, ajudar o companheiro a crescer, e crescer quer dizer atingir a maturidade como pessoa humana no campo psicológico, emocional, moral, espiritual etc.

Portanto, casar é uma operação bem complexa! Como na matemática, fatores de diferentes naturezas se unem para criar um terceiro. É juntar dois universos diferentes e desejar muito se entender, amar e construir uma família. É a soma dos afetos e das dores que acumulamos em nossa infância e adolescência e o início de um grande processo de alquimia, de transformação.

Para continuarmos juntos e felizes mesmo nas dificuldades, temos de transformar toda essa bagagem que trazemos da vida, boa ou nem tanto. Foi isso que o Wilson e eu decidimos fazer naquele distante ano de 1994, e até hoje seguimos unidos no propósito de nos transformar. Praticar a filosofia budista tem nos ajudado muito neste processo.

Quando decidimos nos casar, não sabíamos nada disso. Tudo era festa, foi muito divertido preparar o casamento, com toda aquela correria, a expectativa e os imprevistos. Logo estávamos com as chaves do apartamento e compartilhando nossa alegria com nossos próximos. Uma nova vida estava começando ali e pretendíamos criar um roteiro bem diferente, mais leve, saudável e próspero que nossos pais, afinal a vida se renova sempre.

Nosso primeiro apartamento tinha menos de 40 metros quadrados, mas era bem aconchegante e repleto do nosso amor recente. Fizemos uma bela limpeza e compramos um lindo jogo de sofá de canto na Lafer. Para completar aquele pequeno espaço, encomendamos uma mesa de 4 lugares e uma mini estante. O imóvel era semi-mobiliado e o dormitório era tipo capelinha, acoplado com a cama. Eu brinco que dormíamos no quarto, mas as pernas ficavam na sala, de tão apertado que era!

Gastamos pouco, porque ganhamos os equipamentos principais: micro-ondas, geladeira, freezer e fogão. Armários já havia. E tinha o enxoval quase que completo. Minha mãe começou a montá-lo quando eu era adolescente.

Recordo que ela viajava a noite toda para chegar a Ibitinga, fazer as compras e voltar no outro dia cheia de produtos lindos para as reuniões de roupas. Naquela época, começou a fazer esse enxoval, eu não entendia para que, mas, quando estávamos arrumando o apartamento, eu agradeci muito.

Eu tinha jogos lindos de cama e banho, mas fiquei muito feliz quando pude cometer uma extravagância: comprei um jogo maravilhoso de cama da Trussardi, seguindo a indicação de uma amiga. Foi demais! Eu nunca tinha visto um lençol com mais de 400 fios na vida e me deliciei ao me deitar nele!

Claro que comprei em ponta de estoque, com preço menor, mas ainda bem salgado! Eu sempre escutei que deveríamos deixar a cama muito linda e branca e realmente ficou! Quando o grande dia se aproximou, nos surpreendemos ao ver como o apartamento havia ficado estiloso e aconchegante.

Eu não tinha muito dinheiro, mas o Wilson possuía algumas economias, daí juntamos nossos recursos para fazer uma bela festa. Convidamos mais de 500 pessoas, foi um grande evento. Ganhamos muito, mas muitos presentes, até a gravata do noivo deu um bom dinheiro. Toda a festa foi bancada por nós, fizemos mágica com nosso dinheiro.

Muitas pessoas falam que é sorte termos dinheiro, mas acredito que é uma energia muito abençoada e a ser tratada com respeito. Dinheiro é energia pura e, quando temos boas intenções no coração, desejamos fazer outras pessoas felizes, ele sempre se multiplica.

Foi uma delícia ir com a minha mãe e sogra até a loja de aluguel de roupas de festas escolher os vestidos. Escolher e convidar os padrinhos não foi uma tarefa fácil, mas tudo foi emocionante. Nosso casamento foi realizado na igreja Menino Jesus, inclusive o civil, localizada na Avenida Mazzei, no Tucuruvi.

O padre que eu estimava muito havia se mudado para esta comunidade e, para contar com o sermão e a benção dele, acabamos nessa igreja gigante. Fizemos cursinho de noivos, em que aprendemos muito sobre o que viria, inclusive a importância das finanças no casamento. Consegui marcar um dia da noiva no Tatuapé, porque eu conhecia a dona de um salão famoso de lá e era mais barato. Hoje eu imagino que loucura era a distância entre a minha casa, a igreja e este cabeleireiro. Minha mãe também se arrumou nesse salão, sempre linda e elegante, com seu cabelo preso em coque e vestido rosé.

Eu estava radiante em um vestido justo que realçava as linhas finas de meu corpo com apenas 60 quilos. Até me arrependo de não ter ousado escolher um modelo mais amplo, mais bufante, na época em que isso era possível! No entanto, o tal vestido de noiva justo e com uma longa cauda gerou muitos problemas e discussões. Deu pano para mangas, como dizem!

Três meses antes do casório, fechamos a compra do vestido, mas uma semana antes do casamento ele ainda não estava pronto. Cheguei a ameaçar de chamar o programa "Aqui e Agora" para resolver a questão junto à loja. Pagamos este vestido antecipadamente, havíamos feito várias provas e nunca ficava bom. Um dos problemas é que não tinha pedras suficientes. Tinha se transformado em um vestido apagado, nada a ver com o que eu havia encomendado e sonhado, lindo e majestoso.

Como no final sempre tudo dá certo, o vestido não ficou perfeito, mas minha alegria era maior do que tudo isso. Ah, também contratamos para o casamento violinistas, um grande coral (inclusive com trombetas) e um limousine preta para me buscar no salão de beleza, levar à igreja e depois até a festa. O grande dia foi emocionante e apenas senti a falta da minha avó, que era muito tímida e avessa a festas.

Quando cheguei à porta da igreja, fui acolhida por meu amado pai, repaginado com um meio fraque preto e cinza e sapatos muito brilhantes. Estava feliz e orgulhoso de entrar comigo na igreja! Eu não cheguei muito atrasada, mas tive de esperar, pois a noiva do casamento anterior não havia saído ainda. Nosso casamento foi uma cerimônia linda e demorada que incluiu uma missa abençoada. Durou mais de uma hora, para desespero dos convidados mais ansiosos pela festa.

Quando chegou o momento de entrar na igreja com meu pai, foi muita emoção. Eu escutava ali de fora as trombetas, os violinos e, ao passar pela nave central, via os rostos de pessoas muito queridas. Eu nunca havia imaginado a grandiosidade desse momento! Na realidade, eu não pensava em casamento, apenas em minha carreira profissional. Recomendo para todas as pessoas buscar alguém para dividir seus momentos de alegrias e de dificuldades, sinto que todos merecem ser felizes e se casar. Sigo acreditando no casamento.

Quando as portas se abriram foi realmente emocionante, foi um dos momentos mais felizes da minha vida! Todos se levantando para nos ver naquela igreja gigante, que parecia pequena com tantos familiares e amigos, com alegria e amor.

Eu me senti anestesiada, não chorei, o que é raro, mas meu pai tremia muito e apertava minha mão com força. Demorou muito para chegarmos ao altar. Quando eu pude ver o Wilson, lindo, emocionado e chorando muito, me segurei. A cerimônia foi linda e profunda. Tudo maravilhoso e iluminado.

Em seguida fomos para a recepção, onde nos emocionamos em cumprimentar todas as pessoas queridas e especiais em nossas vidas. Dançamos e nos divertimos muito. O tempo passou muito rápido e saímos do salão às 4 da manhã. Que festa farta, que multiplicação dos pães, das bebidas e da alegria. Perfeita!

Depois da igreja fui até a casa dos meus pais, porque minha avó querida vivia conosco, para ela poder me ver de noiva. Foi outro momento de muita emoção! Quando ela acordou e veio me ver, eu despenquei a chorar, lembrando dela na minha infância, colocando comida na minha boca, me dando tanto amor.

Pedi para ela nos abençoar e ao nosso casamento. Nossa ligação espiritual sempre foi muito forte e ainda hoje sinto a presença da minha avó querida! Mesmo com o jeitinho dela não muito doce, ela foi muito especial para mim. Como diz um ditado, cachorro que late não morde, o coração dela era gigante.

Depois disso fomos para nosso refúgio, nossa nova casa. Praticamente não dormimos! Ansiosos, ficamos comentando a cerimônia e a festa e logo viajamos para Cancún. Imagine a alegria, 26 anos atrás, nós — que nunca tínhamos feito uma viagem para o exterior — viajarmos para o México. Escolhemos esse destino porque as viagens para o Nordeste estavam bem caras. Cancún estava em lançamento, o preço era mais acessível e o hotel, 5 estrelas. Simplesmente o máximo! Foi a melhor decisão que tomamos.

Dormimos algumas horas e em seguida meu padrinho de batismo e casamento, Vinicius, foi nos buscar em casa com uma Kombi, lotada de familiares, para nos levar ao aeroporto. Foi uma surpresa, uma farra aquele carro cheio de gente e com latas penduradas na traseira! Alguns outros carros traziam amigos, foi uma verdadeira carreata, muito divertido! Nós estávamos em uma felicidade que não tenho palavras para descrever, estávamos vivendo um grande sonho.

Fomos ao México, uma viagem longa e incrível! Conhecemos aquele inacreditável mar turquesa e fomos acolhidos por aquele povo alegre e aberto. Vivi uma das semanas mais emocionantes e felizes da minha vida! Até hoje nos sentimos muito gratos por tudo o que vivemos, porque nós dois viemos de famílias muito humildes e essas experiências pareciam cenas inesperadas de uma novela ou de um filme.

Voltamos de Cancún impressionados com o que vivemos e animados para iniciar uma nova fase e, claro, abrir nossos tantos presentes. Também conseguimos trocar o carro do Wilson por um Gol preto, quase novo, antes de voltar ao trabalho. Quantas novidades! Eu seguia na faculdade e meu marido agora me levava e buscava até o final, um ano depois, por conta de algumas DPs causadas por excesso de trabalho.

A experiência do casamento começou bem, mas era bastante desafiadora, principalmente porque ele amava jogar futebol, jogava muito bem. O encontro semanal com os amigos para jogar a tal bolinha era sagrado e só descobri quanto na noite em que ele voltou para casa às 3 da manhã (ele diz até hoje que era mais cedo!).

Eu estava muito preocupada, pois naquela época não era tão fácil se comunicar, não havia celular, apenas o telefone fixo. Naquele dia, eu havia chegado cedo do trabalho, feito um jantar super incrementado, organizado a mesa, velas e taças. Esperava ansiosamente por ele.

Eu estava desesperada, tinha ligado para a casa da minha mãe e estava cochilando quando ele apareceu todo feliz. Chegou naquele horário com uma cara tão lavada, como se estivesse tudo bem. Quando viu a mesa toda arrumada deve ter pensado algo, imagino eu, mas às vezes os homens não conseguem sacar nada.

Lembro que me desejou boa noite. Eu estava com muita raiva. Imagine que cheguei a dizer que pediria a anulação do casamento, porque eu achava um absurdo o que havia feito, sem nem dar um telefonema.

Naquele dia o conto de fadas que eu estava vivendo desmoronou. Nem eu me reconhecia naquele surto de intolerância e desapontamento. Aos poucos, ele foi entendendo o meu lado, pediu muitas desculpas, disse que não sabia o que fazer para reverter aquilo. Eu chorava tanto que no outro dia meus olhos não abriam de tão inchados e eu nem fui trabalhar.

Esse dia foi um dia marcante e dolorido, quando nós dois despertamos para a necessidade de adaptação e de cuidado um do outro durante um casamento.

Percebemos a fragilidade da relação de amor, a impulsividade de nossas reações e o peso de nossas histórias antigas em nossa forma de ser. Ele até parou de jogar bola por um tempo para compensar o ocorrido ou com medo da pessoa raivosa que habitava em mim. Éramos muito jovens e inexperientes!

Com tudo isso, eu sempre reforço aos que pretendem casar que o primeiro ano de matrimônio não é exatamente uma lua de mel e sim uma fase de adaptação, que exige muito respeito pelo diferente do outro e que gera muito aprendizado e crescimento.

Temos de nos ajustar com a pessoa que escolhemos para viver até o fim de nossas vidas e nos comprometer frente a ela e a tantas pessoas. Escutar e entender suas histórias, dores, expectativas. Com a graça de Deus, seguimos em frente com coragem e tolerância.

Moramos naquele apartamento por quase dois anos e finalmente ficou pronto nosso imóvel, na Mooca, zona leste de São Paulo. Foi uma surpresa quando me recusei a mudar para o novo apartamento, pois ia perder muito tempo no trânsito e estava acostumada com a bela região de Higienópolis.

Como dizem no budismo e em outras linhas de conhecimento, nós determinamos nossa vida. De tanto eu insistir, acabamos vendendo o tal apartamento e comprando um imóvel na Rua Tucuna, bairro de Perdizes, para pagar em 20 anos (conseguimos fazer isso em 5 anos utilizando o nosso FGTS!).

O novo apartamento estava quase para ser entregue quando recebi uma ligação do proprietário do apartamento onde morávamos, dizendo que precisava urgente do imóvel. Ele estava se separando e iria morar lá provisoriamente. Naquele dia eu gelei, pois a obra estava atrasada. Não sabíamos o que fazer, mas tínhamos de desocupar o imóvel dele. Acabamos nos mudando para o novo apartamento, mesmo sem o "habite-se" e algumas obras de finalização.

Com a ajuda do meu irmão e de meu pai, mudamos do jeito que dava, somente com o piso da sala, colchão no chão, móveis sendo entregues. Que felicidade estar em nossa casa definitiva, mesmo com lâmpadas penduradas por fios como em quermesse de escola, mesmo com o prédio em obras, mesmo sem o elevador funcionar o tempo todo.

Era tudo perfeito! Aos poucos, o prédio ficou pronto. O único detalhe era que não havia cabo telefônico da rua para o edifício, então não dava para transferir nossa linha telefônica. Tínhamos de nos comunicar através do BIP do trabalho do meu marido e pelo orelhão da esquina — mesmo nas madrugadas.

Nesse período eu terminava o último ano na PUC, sempre priorizando o meu trabalho, consciente de que sem ele não poderia seguir pagando o convênio da família, o apartamento e a faculdade. Por isso, a montagem do apartamento aconteceu aos poucos, conforme sobrava dinheiro. Com muito carinho, compramos tudo como sonhávamos, pagando em muitas prestações, fazendo milagres com o dinheiro que ganhávamos. Que luta!

Nessa época, eu era compradora do departamento infantil e minha gerente fora convidada a trabalhar em uma multinacional que estava chegando ao Brasil, a maior empresa de varejo do mundo, o Walmart. Na mesma época, o meu diretor de muitos anos, de quem eu havia sido secretária, deixou o atacadista e começou a trabalhar no Mappin, uma loja tradicional que alguns de vocês podem ter conhecido. Ele me procurou para saber se eu gostaria de trabalhar lá e eu aceitei o convite.

Porém, antes de mudar de empresa, fui chamada para uma vaga de gerente da mesma categoria em que eu já trabalhava e acabei sendo a escolhida depois de passar por uma longa entrevista. Fiquei em uma situação bem complicada, pois as duas pessoas que haviam me oferecido uma nova oportunidade de emprego eram muito bacanas e eu não queria decepcionar nenhuma delas. Apesar do medo e de não falar nada de inglês, o meu coração decidiu se arriscar na empresa recém-chegada ao Brasil, e para lá eu fui.

Assim terminei aos 24 anos meu ciclo de trabalho no Makro, 4 anos que mudaram a minha vida, e comecei minha carreira no Walmart, onde trabalhei por quase 8 anos, um período de desafios e aprendizados. Nessa época, costumávamos comemorar cada aniversário de casamento com uma viagem para uma cidade diferente do Nordeste.

Depois de dois anos no novo emprego, decidimos variar e conhecer o sul do país, ir para Florianópolis pela primeira vez. Foi bem diferente: as praias eram lindas e a água, bem gelada. Sentimo-nos em outro país, Chile ou Argentina talvez, e até o idioma mais falado era o espanhol, que eu ainda não conhecia naquela época.

Já estávamos com a intenção de ter um bebê, estávamos com 3 anos de casados e o Wilson pensava que não era tão jovem. Ainda não tínhamos tido sucesso nessa empreitada, mas meu médico garantia que bastaria relaxar da intensa vida de trabalho e a família aumentaria.

Foi assim que demos origem a uma nova vida em Floripa. Estávamos conscientes do momento da concepção e voltamos sentindo que já éramos três e não mais dois. Comecei a me sentir grávida desde o primeiro dia e, quando se completaram 35 dias, fiz o teste de gravidez da farmácia e tive a confirmação. Em seguida, agendei o médico e novamente o mesmo resultado: estávamos grávidos. Que sonho!

Eu me sentia estranha o tempo todo, mas o Wilson era uma felicidade só! Confesso que nunca sonhei com a maternidade, mas quando somos casados por um período maior parece que algo faz falta, surge um vazio e estar grávida é uma dádiva. Ter a incrível sensação de uma nova vida dentro de seu corpo é realmente maravilhoso e inesquecível!

Não desejo para ninguém o que eu passei nos três primeiros meses, muito enjoo e mal-estar. Passava tão mal que não consegui apreciar a experiência da gestação, ficava só chupando limão e vomitando. Eu me perguntava: como alguém pode dizer que ficar grávida é o máximo? Eu não sentia esse prazer, vivia indisposta, com muito sono, e trabalhar era complicado. Foi como se eu tivesse passado os 9 meses hibernando.

Quando eu pensei que todo aquele enjoo nunca ia passar, ele foi parando aos poucos e dos 4 aos 6 meses me senti feliz e saudável, preparando o quartinho com o maior amor para o pequeno menino que ia chegar. Claro que a decoração era verde, pois estávamos à espera de um palmeirense, segundo o Wilson. Eu preferia pensar que seria um santista, pura ilusão!

Quando sugeri um nome para o bebê, tive a sorte de meu marido aceitar. Sempre achei o nome do meu pai lindo, João, e decidimos acrescentar um segundo nome, então ficou João Pedro. O final da gravidez foi desafiador: eu havia engordado muito, a barriga pesava e as pernas se cansavam com facilidade.

Antes disso, aos 7 meses, fui convidada a ir para Nova York a trabalho e nem acreditei! Mais um sonho realizado! Desde adolescente, eu queria muito conhecer a Estátua da Liberdade por conta de um trabalho escolar sobre pontos turísticos. Quando já estava com passagens compradas, me avisaram que eu deveria ter autorização médica para viajar. Assim foi que meu bebê foi para o exterior ainda em minha barriga.

Apesar do peso e do desconforto, andei muito por lá, conheci muitos lugares maravilhosos e a tal estátua (que eu imaginava três vezes maior!). Tive o privilégio de ir à Broadway, assistir ao espetáculo do Titanic, tão real que parecia estar num naufrágio quando fechava meus olhos. Foi o máximo, nunca tinha vivido uma experiência como aquela. Consegui fazer algumas comprinhas (naquela época era tudo muito barato, o dólar estava 1 para 1!).

A viagem foi mais um presente da gravidez! Quando eu andava pelas ruas nova iorquinas, imaginava que meu filho poderia nascer ali mesmo, tinha a sensação de que me abria para o nascimento ocorrer. Seria o máximo ele ser americano e novaiorquino, mas ele preferiu ser brasileiro e paulistano!

O retorno dessa viagem foi um pesadelo, mesmo me deitando sozinha em quatro bancos. Estava exausta e tinha muita chuva e turbulência pelo caminho. Pensei que o avião fosse cair e minha história terminaria ali. Rezei quase o voo todo e pedi perdão por estar ali. Senti que tinha arriscado muito viajando grávida. Pedi a Deus a oportunidade de ver meu filho nascer e crescer.

Finalmente cheguei bem, carregada de malas, carrinho etc. Minhas colegas de trabalho me ajudaram e não fomos paradas na alfândega. Em casa, me sentia pronta para receber o novo membro da família, tudo arrumado e higienizado.

Foi nessa época que tive uma reunião de planejamento de coleção para mostrar tudo o que havia feito em Nova Iorque. Lembro que estava com um aparelho *holter* para medir os batimentos do coração porque estava muito ofegante, quase nem conseguia falar direito.

Na apresentação, tive de parar várias vezes para respirar! Ao terminar a reunião, falei com meu cardiologista e ele me obrigou a tirar com urgência uma licença médica. Eu tinha de relaxar, de descansar e, se não fizesse isso, poderia haver consequências sérias para mim e para o bebê.

Assim saí de licença médica e depois licença maternidade. Estar em casa apreciando tudo que havíamos preparado para a chegada do nosso filho era maravilhoso, mas a cada dia a ansiedade aumentava. Eu sempre pensava como seria o rostinho dele, se seria saudável, amoroso, alegre...

Quando completei 36 semanas de gestação, resolvi conversar com meu médico sobre a possibilidade de antecipar o parto, pois não gostaria que nosso filho nascesse na época do Natal e Ano Novo. Com a anuência dele, agendamos para o dia 2 de dezembro de 1997. Tentamos um parto natural por indução, mas tive uma forte cólica, a bolsa estourou e em 5 minutos já estava na sala de cirurgia.

O Wilson conseguiu assistir o parto e foi incrível essa experiência para nós dois! O parto acabou sendo cesariana, mas deu tudo certo e ficamos três dias na maternidade. Nosso filho nasceu, perfeito e lindo. Que emoção ouvir os primeiros choros e passar os primeiros dias repetindo as perguntas: está tudo bem? Está respirando direitinho?

Realmente, ter um filho ou filha é um presente do Universo, ao qual temos de agradecer diariamente. Com olhos claros, bem azuis, tão lindo era nosso bebê que se transformou em modelo para comerciais da rede de varejo em que eu trabalhava! Até hoje me pego olhando amorosamente para ele em muitos e muitos momentos, agradecendo por fazer parte da nossa família!

Como ocorre com muitas mães, o começo foi bem desafiante. Estava muito cansada e vivia com sono. Depois foi difícil fazer ele pegar o bico do peito e doía muito quando eu amamentava. Ainda me lembro da sensação de insegurança, segurando aquele charutinho, na saída do hospital, sentada no banco traseiro de nosso Palio Preto. Nós nos perguntávamos se estaríamos prontos para cuidar e educar esse novo ser que tanto amávamos. A responsabilidade era 100% nossa.

O Wilson sempre foi muito carinhoso, estivemos grávidos juntos por 9 meses. Até o cursinho da maternidade São Luís ele fez comigo e aprendeu melhor que eu como lidar com o novo ser que estava chegando. Na primeira noite em casa, o bebê ficou no carrinho em nosso quarto. Eu não conseguia dormir, parecia que ele ia sufocar dentro do carrinho e acabei concordando com a sugestão de meu marido de colocá-lo no berço em seu próprio quarto.

De três em três horas, tinha de amamentar o bebê, com sono e dor nos pontos da cesariana. Quando ele chorava, no entanto, o Wilson sempre se levantava para buscá-lo no quarto. Depois ele se sentava em uma poltrona e colocava o bebê para arrotar e às vezes acabava dormindo com ele no colo. Ele me ajudava muito, inclusive na troca de fraldas — que assusta tantos pais! Foi e é um grande parceiro de vida! Fica sempre ao meu lado me apoiando, mesmo que algumas vezes contrariado.

Casamento é isso! Uma grande parceria, de amor, companheirismo, sociedade, compaixão, empatia. É você escolher estar com uma pessoa que tem muitas qualidades como você, mas também muitos defeitos e crenças diferentes. É decidir ficar junto respeitando, transformando e perdoando, compartilhando tanto momentos incríveis como outros bem difíceis que só o coração pode entender.

Assim, os desafios de somar afetos e dores, de misturar universos diferentes, cresceram ainda mais. Desde o casamento, já estávamos aprendendo a conviver com nossas semelhanças e diferenças e a desenvolver tolerância, paciência e respeito um pelo outro.

Agora a vida nos apresentava novos desafios: absorver as partes boas de nossas histórias, descartar as mais difíceis e aprender a moldar esse novo ser. Aprender dia após dia como poderíamos lhe ensinar a fazer escolhas saudáveis, a compartilhar de nossos valores humanitários, a cuidar de si mesmo e dos outros, a fazer diferença neste mundo. Uma aventura e tanto que estava apenas começando!

CAPÍTULO 7

O EQUILÍBRIO DAS PARTES

"Mãe é o coração e a alma da família."

Angela Cortez

Ser mãe é uma experiência maravilhosa que pode acontecer na vida de uma mulher. O amor que sentimos por quem trazemos ao mundo é algo que não tem explicação, assim como o amor que recebemos dele ou dela! Dizem que é o amor mais próximo ao de Deus por nós.

Maternidade nunca foi um sonho para mim, mas um sentimento que foi brotando naturalmente depois de alguns anos de casada. Com a chegada do primogênito — João Pedro — nossa casa ficou iluminada e formamos uma verdadeira família.

Ao cuidar de meu filho, eu parecia uma leoa para protegê-lo de tudo e de todos e era complexo compartilhar a criança até com o Wilson. Claro que eu recebia meus pais, meus irmãos, sogros, primos e amigos para nos visitar, mas ficava de olho se lavavam as mãos antes de pegar o bebê no colo, se estavam agitados ou calmos e, dependendo da pessoa, eu tinha ciúmes.

Modéstia à parte, ele foi um dos bebês mais lindos que eu já vi! Eu pensava: nem somos tão bonitos assim, como conseguimos fazer um bebê tão lindo? A cada dia, os olhos dele ficavam mais azuis e eu nunca sonhei ter um filho de olhos claros.

Com minha superproteção, eu rejeitava a ajuda de todo mundo e, no final do dia, estava muito cansada, ansiosa pela chegada do Wilson para dividir um pouco o fardo da maternidade e da casa. Eu tinha apenas uma faxineira que vinha duas vezes por semana para limpar, lavar e passar as roupas.

Como nosso filho nasceu em dezembro, passou o verão lotado de roupas que eu colocava por preocupação e acabou cheio de brotoejas. Fiquei morrendo de vergonha quando o pediatra me disse: “Mas deixa seu filho somente de fraldas, com o calor que estava fazendo”. Pensei que ele estava louco, pois era apenas um recém-nascido, mas alguns dias depois eu fiz o que ele me pediu e as brotoejas foram desaparecendo. Ele estava certo!

Na época, lembro de ter pensado como os filhos mais velhos sofrem nas mãos dos pais inexperientes, são verdadeiras cobaias!

Como foi gostoso observar o crescimento dele, do primeiro sorriso até a primeira gargalhada! Mas as cólicas nos deixavam maluquinhos! Não sabíamos mais o que fazer! Lembro de um dia em que chorou quase o dia todo! Eu colocava no peito e ele se acalmava, mas era só voltar para o berço que o choro voltava! Que baile! Até no banheiro tinha de ir rapidinho!

Fui ficando muito nervosa, mas não queria ligar para ninguém para falar sobre o que estava acontecendo, porque poderiam pensar que eu não sabia cuidar dele. Até que uma amiga me ligou e me alertou que ele poderia estar com fome, eu podia estar com pouco leite. Liguei imediatamente para a farmácia, pedi uma lata do leite NAM e, antes de fazer a mamadeira, tive um acesso de consciência!

Pensei que era errado mudar tão rápido para o leite industrializado, lembrei de tudo que havia lido e aprendido sobre os benefícios do aleitamento materno. Neste momento, Dr Belizzia, um excelente pediatra, me disse para ter paciência e tentar ampliar minha produção de leite através da alimentação.

Repentinamente, ele adormeceu, talvez cansado de chorar por tanto tempo. Ele sempre foi um bebe muito tranquilo, que quase não chorava, eu não estava reconhecendo, me sentia exausta e apavorada. Foi o tempo de tomar banho e ele voltou de novo a espernear.

Sorte que meu marido chegou e depois de ouvir minha história de desespero, me apoiou na decisão de passar para a mamadeira. Ele tomou 180 miligramas de leite — ou seja, estava mesmo com fome! A paz retornou a nossa casa e ele acordou mais tarde feliz e nutrido! Liguei então para o pediatra, que entendeu nossa decisão e orientou a continuar a dar o peito e completar com a mamadeira.

Assim foi, e depois de mais algumas semanas, eu já realmente não tinha mais leite quase, acho que de tanto nervoso que havia passado com tudo aquilo. Eu me senti triste, mas como minha mãe me disse, o mais importante era ele ficar bem e engordar. Dito e feito, ele ficou uma bolinha linda! O melhor de tudo isso é que passei a terceirizar com o Wilson parte da amamentação!

Confesso que amamentar não foi um dos maiores prazeres que tive. Eu me sinto até mal em dizer isso, mas descobri que várias mulheres não se sentem confortáveis com o ato de amamentar, às vezes por conta da ansiedade, outras por questões anatômicas.

Nessa fase, eu já me sentia balançada entre ser mãe e executiva. Não sabia como voltar para o trabalho, deixando o bebê em casa e com quem? As avós moravam longe e eu não pretendia sobrecarregá-las.

Conversando com amigas, cheguei à conclusão de que deveria buscar uma pessoa que me ajudasse a cuidar dele e não colocar no berçário. Eu tinha receio de que adoecesse convivendo com outros bebês. Minha mãe indicou uma pessoa que poderia vir todos os dias e eu tive de dispensar a faxineira para caber no orçamento doméstico.

Fiquei muito feliz com a Maria. Ela era simpática e solícita, mas fumava e eu me preocupava com isso. Em um dos primeiros dias em que deixei o bebê um pouco mais com ela eu a encontrei na volta suando frio e dizendo que não havia conseguido fazer nada, só tinha ficado com ele no colo. Ela parecia que não daria conta de ficar sozinha com ele e cuidar das coisas da casa. Como eu iria voltar a trabalhar?

Mais uma vez procurei as amigas mais experientes e desta vez Adelaide (mãe de uma menina linda que foi daminha no meu casamento!) comentou que eu deveria conhecer os berçários do bairro e escolher o melhor para deixar meu filho. Ela me disse: berçário não fuma, não sai de férias, não fica doente e nem atrasa.

Eu entendi rapidinho o que estava falando e agradeci muito. Quando soube de minha decisão, Maria se sentiu mais calma e se ofereceu para cuidar de nosso filho quando estivesse um pouco maior. E me contou que havia perdido um filho bebê, por isso ficava tão tensa em cuidar de outra criança tão pequena. Eu compreendi o lado dela.

Fiz várias visitas, acompanhada da Maria, e escolhi o berçário São Gabriel. Assim que entrei, fiquei encantada com tantas tias e bebês. Era como se eu tivesse tirado um peso gigante das costas e Maria passou a ser diarista, porque não dava para pagar ela e o berçário e as demais despesas que eu e o Wilson dividíamos. Desde o primeiro dia, ele ficou bem no berçário e eu consegui tirar alguns dias de descanso antes de voltar da licença maternidade.

Nossa, como foi difícil o retomar! Eu sentia que estava abandonando o meu filho, trocando meu papel de mãe pelo de profissional. Para completar, eu tinha várias primas que haviam decidido ser somente mãe, o que aumentava minha culpa! Eu não queria ser apenas mãe, mas me sentia muito mal com isso naquele momento. Nesse recomeço, algumas vezes estava em reunião e o leite vazava de meu peito, recordando-me de minha função principal. Que vergonha!

Assim os meses foram passando, veio a primeira papinha, o primeiro peixinho. Eu nunca vi um bebê que gostasse tanto de peixe, de brócolis e outros legumes. Não sem motivo, hoje ele adora comida japonesa e, se pudesse, comia todos os dias. Ele cresceu forte e lindo, e foi modelo para inauguração de loja, para venda de fraldas e de roupinhas.

Eu me lembro da primeira vez em que fiquei sozinha com ele. Estava próximo da Copa do Mundo da França e Wilson decidiu fazer uma viagem só para homens junto com um primo. Ele nunca tinha ido para a Europa, era uma oportunidade. Eu incentivei para que ele fosse e pensei em pedir ajuda aos avos. Eu nunca vi uma pessoa tão feliz e ao mesmo tempo com o coração partido, mesmo assim foi, com o dinheiro contadinho, mas foi uma viagem inesquecível. Nunca devemos perder oportunidades na vida. Só levamos daqui nossas experiências.

Eu senti muito sua falta, na realidade nós sentimos. O duro foi ele ver o Brasil perder tão feio da Franca, mas valeu a experiência que teve de ir com os amigos e viajar pela Europa de trailer (motorhome). Ele voltou entusiasmado, cheio de histórias para contar, e eu também tinha as minhas com o bebê! Eu estava precisando de férias quando ele voltou, mas deu tudo certo.

Estava chegando o momento de celebrar o primeiro ano de vida do nosso filho e nosso primeiro ano como pais. Mais uma vez exageramos: foram mais de 150 pessoas na festa do Ursinho *Pooh*! Começamos a pagar 4 meses antes e fizemos tudo com a maior dedicação e amor. Teve também uma festinha no berçário para celebrar com os amiguinhos e as tias, sempre tão carinhosas.

Ele começou a andar com 1 ano e 1 mês, imagino porque era um pouquinho gordinho e caía muito quando começou a ficar em pé. Com 3 anos, ela ia para a escola de perua, um grande avanço para quem teve uma infância como a minha e a do Wilson. Estávamos e estamos muito gratos a tudo que conseguimos com nosso esforço e trabalho!

Nessa época, ele já sabia sentir falta e manifestar isso. Quando eu saía para trabalhar, chorava muitas vezes e era difícil seguir para o escritório. Certo dia, eu estava trabalhando e recebi uma ligação de uma ex-chefe, dizendo que o Grupo GP Investimentos (dono do Garantia, Playcenter e Hopi Hari) estava buscando uma gerente e que ela havia me indicado. Eu fiquei lisonjeada, não estava procurando trabalho, mas estava aberta para escutar. A proposta salarial foi muito boa, mas o mais inusitado foi a entrevista de seleção em pleno parque, com Wilson e o João por perto e com um pôr do sol maravilhoso. Difícil esquecer!

Conversei muito com o meu marido na volta e decidi pedir demissão do Walmart. Foi uma das decisões difíceis que tomei, mas tínhamos acabado de comprar um terreno em Atibaia, queríamos construir uma casa de campo e aquele salário poderia nos ajudar. Enfim comecei no novo trabalho, me sentia muito estranha e arrependida, mas não tinha muito o que fazer, já estava lá.

Eu comecei indo trabalhar no Hopi Hari, em um antigo galpão arrumadinho, e logo fui chamada para uma reunião no Playcenter. Foi emocionante e triste ao mesmo tempo! Eu nunca mais havia entrado lá desde a infância e fiquei chocada com o estado de abandono em que o local se encontrava, com o cheiro de esgoto que vinha do Rio Tietê.

Cheguei para a reunião com aquele homem de quase dois metros, recém-chegado de um grande hipermercado no Brasil. Ele ficou surpreso de saber que eu vinha da primeira empresa do varejo do mundo e confiante completou "agora você está na maior empresa de parques do Brasil, mas um negócio falido que estamos tentando recuperar. Seu trabalho aqui é muito importante, porque será responsável pela receita interna de não alimentos, de todos os departamentos, de compra, venda e jogos".

Eu me sentia preparada, mas ele me advertiu que eu teria de controlar muito o investimento, porque muitas vezes a empresa não tinha recursos para pagar os fornecedores e já havia atrasado salários. Ele queria me deixar ciente da situação real e eu realmente comecei a olhar com outros olhos o emprego que tinha aceitado e os desafios que viriam. Saí meio sem chão e sem energia, mas agradeci a honestidade do empregador.

Foi um dia difícil, cheguei em casa arrasada. Minha alegria foi ver meu filho maravilhoso, feliz com a minha chegada. Quando o Wilson me perguntou sobre a reunião, fui logo vomitando: fiz a maior burrada da minha carreira, nunca deveria ter mudado de emprego. Ele me consolou e garantiu que as coisas iriam melhorar, que acreditava em minha competência e que eu tinha de ter muita paciência.

Decidi seguir em frente e fazer dar certo. Um ano depois passei a trabalhar em Vinhedo e responder ao Conselho, somente eu de mulher, no meio de tantos diretores e presidentes homens. Meu foco era resultado! Nunca havia sido tão desafiada! Os 2 anos e meio que trabalhei lá pareceram mais de 5!

Uma sexta-feira, cansada, em plena madrugada, eu acabei rodando com o carro na Rodovia Bandeirantes e cheguei em casa chorando e pedindo a Deus uma luz sobre o que fazer. Eu trabalhava muito e só conseguia ver meu filho dormindo. No dia seguinte, decidimos procurar um apartamento para alugar em Jundiaí, para ficar mais perto do trabalho.

Encontramos um belo apartamento, próximo de um parque, onde nosso filho poderia brincar. Era bem espaçoso, uma sala linda, os quartos ficavam de frente para a Serra do Japi, uma vista maravilhosa. Para completar conseguimos convencer Maria a morar em nossa casa durante a semana. Ela era parte de nossa família e percebia minha correria e luta. A empresa estava disposta a pagar nosso aluguel e pudemos alugar nosso apartamento em São Paulo.

Escolhemos a melhor escola de Jundiaí e pedimos para a “santa” Maria acompanhar nosso filho na perua da escola, onde os meninos eram bem mais velhos. O Wilson passou a ter que ir e voltar de São Paulo todos os dias e eu comecei a trabalhar mais e mais. Era muita pressão e só tinha folga um final de semana por mês. Eles me promoveram para gerenciar todas as receitas internas, desde o estacionamento até todos os restaurantes, lojas e jogos.

Muitas vezes pedi para a Maria levar nosso filho até o Hopi Hari para que eu pudesse vê-lo e brincar com ele por alguns minutos. Hoje nem passo perto! Mas somos nós que construímos a nossa realidade e, se não está boa, cabe a nós mesmos mudarmos algo nela.

O meu limite emocional com meu emprego estressante chegou quando os resultados financeiros estavam ótimos, a equipe organizada, um cenário bem diferente de quando eu entrei. Um novo gerente de finanças foi contratado e começou a tomar decisões questionáveis, como atrasar pagamentos, inclusive dos funcionários mais simples, arriscando o clima de confiança que eu havia lutado tanto para conquistar.

Era uma questão de prioridades, de valores. Aquilo mexeu demais comigo, eu estava deixando minha família para me dedicar à retomada da empresa e agora, quando as finanças estavam melhorando, vinham essas decisões. Como os atendentes poderiam tratar bem os clientes se estavam com os salários atrasados e preocupados com sua própria sobrevivência? Andava muito estressada e trazia toda essa pressão para casa! Uma vez até discuti com o meu sogro por uma bobagem!

Eu não estava gostando da pessoa em que tinha me transformado, mas não sabia como mudar, pois tinha muitas responsabilidades. Eu rezava cada vez mais e um dia veio a resposta. A mesma amiga que havia me indicado para o atual trabalho me disse que a Warner Bros estava buscando uma gerente de categorias de confecção.

O escritório era no Itaim e o processo de seleção durou uns 6 meses. Tive que arrumar tempo para estudar inglês correndo, pois há um bom tempo não falava uma palavra nesse idioma. A dona da escola me ajudou muito, preparamos todas as perguntas e respostas em inglês e eu fiquei decorando dia e noite até o dia da entrevista.

Os anjos estavam do meu lado durante a conversa com o entrevistador. Quando recebi a proposta de trabalho, eu não acreditava que estava mudando de emprego. Apesar de tudo que passei naquela empresa, do quanto foi doído para mim e minha família, reconheço que foi uma grande escola e um grande aprendizado profissional. Errar em pequenas ou grandes decisões nos faz desenvolver novos talentos e aperfeiçoar nossos aspectos humanos e espirituais.

Depois dessa experiência de dedicação e cobrança máximas, eu tinha certeza de que tudo que viesse pela frente seria melhor. Como mãe e esposa, eu voltaria a ter meus finais de semana e, como profissional, um pouco mais de ar. Comecei a trabalhar na Warner como gerente de categoria sênior. Eu me sentia no céu, o escritório era lindo e tinha uma sala somente para mim. Bem diferente do parque, onde nos últimos anos eu usava uniforme e rádio na cintura.

Por outro lado, eu não teria uma equipe, o resultado do trabalho dependeria somente de mim. Foi o momento em que entrei no mundo das licenças, onde estou até hoje e sou muito feliz! Confesso que na época não entendia nada do que ia fazer, eu só sabia que as empresas se interessavam muito por produtos licenciados, principalmente nas datas sazonais. A minha chefe, velha conhecida da Hering, me ajudou e ensinou muito. Sou grata!

Nas primeiras reuniões, eu me sentia completamente perdida no assunto e, quando aconteciam em inglês, era pior ainda. Minha zona de conforto eram os clientes, muitos deles já haviam sido fornecedores na época do Walmart e do Parque. Para facilitar, voltamos a morar em São Paulo.

Quebramos o contrato de locação, pagamos a multa para os inquilinos e voltamos felizes para nosso cantinho na Tucuna. Como o imóvel em Jundiaí era bem maior, tivemos de fazer duas mudanças, dividindo nossos pertences entre o apartamento em São Paulo e a casa em Atibaia. Uma trabalheira!

Matriculamos o João Pedro no Colégio Pentágono, onde foi acolhido com muito carinho. Ele ficava na escola o dia todo e nós mesmos o levávamos e buscávamos. Outra vida! Que alegria, podia ir às festinhas e reuniões da escola, não precisava mais ser a Maria. Ela, no entanto, continuou conosco e sentimos muita gratidão por todo o apoio que nos deu.

A partir daí, voltamos nossos esforços para terminar aos poucos a chácara de Atibaia, o que fizemos com a ajuda de um tio, meu pai e irmão que trabalharam arduamente nas obras. Meu irmão estudava arquitetura em São Paulo, o que o obrigava a ir e voltar todos os dias de Atibaia. Meu pai muitas vezes vinha na garupa da moto dele e em outras ficava lá na casa sozinho, sem se preocupar com sua segurança.

Transformar o roteiro de vida de nossa família não é uma tarefa fácil, assim como equilibrar os diferentes papéis que temos nessa vida: esposa, mãe, irmã, profissional...Requer muita coragem e paciência, abertura para os imprevistos e desejo sincero de se tornar a melhor versão de si mesma.

No meu caso, meu propósito é contribuir com o coletivo, onde eu estiver, no papel que estiver desempenhando naquele momento. Nem sempre acerto, mas tenho as melhores intenções. O trabalho para mim é sagrado e faço tudo com muita dedicação e gratidão. Perseverando nessa atitude, tenho progredido e aprendido muito de emprego em emprego.

Meu esposo seguiu outra estrada e permaneceu trabalhando no mesmo local onde nos conhecemos. Teve algumas promoções e seguiu apostando na mesma empresa, na mesma marca. Muitas vezes me senti mal por ter tantas oportunidades e ele uma atitude mais tranquila, sem tanta necessidade de buscar novos desafios. Hoje percebo que não há receitas para ter sucesso ou ser feliz. Cada um tem seu perfil e deve fazer o que considera melhor para si.

Observo também que o Wilson foi fundamental para que eu pudesse ser esposa, mãe e executiva. Com sua personalidade mais serena, ele foi e ainda é um grande companheiro e parceiro. Além de um profissional de primeira em sua área de atuação, ele me apoiou muito em minha caminhada, dedicou muito amor a nosso filho, cuidou com muito carinho de nossa casa e foi o ponto de equilíbrio, de ponderação, nos momentos de virada.

Quando completei um ano de trabalho na Warner Bros vivia o dilema: férias com a família ou curso de inglês? A língua inglesa sempre foi meu desafio. O coração pendia para o marido e o filho, mas a responsabilidade me puxava para o aperfeiçoamento da segunda língua, um mal necessário. Um mês de estudo não torna ninguém fluente, mas é mais um passo na caminhada. Então, mesmo com o lado mãe reclamando, decidi investir nisso.

Momentos como esses foram muito difíceis em minha carreira, mas ter o apoio do meu marido tornou a tomada de decisão um pouco mais leve. Ele inclusive me acompanhou na busca da melhor escola de intercâmbio, porque eu queria ficar em casa de família, como os adolescentes fazem, mas não sabia se seria possível, pois vim de uma família simples e não sabíamos nada sobre aventuras fora do país.

Decidi que o Canadá era melhor (o dólar era mais barato!), encontrei a melhor condição e fiz a matrícula. Nesta fase, contei com muito incentivo por parte da minha diretora e incentivadora. Atualmente ela vive em Los Angeles, mas mantemos o contato sempre que possível. Como é bom ter lideres que nos inspiram. Chegou o grande dia de embarcar para o Canadá. Eu tinha uma mistura de sentimentos, de alegria e tristeza de tirar um tempo só para mim, de ter de deixar meu filho em casa.

Minha consciência respondia a isso tudo com a informação de que seria o melhor para o futuro de todos nós. Então lá fui eu, com o dinheiro contadinho, sem cartão de crédito com muito limite, apenas seguro-viagem e a escola paga totalmente. Nunca imaginara que fosse tão longe: 17 horas de viagem e o tempo no aeroporto somavam 24 horas.

O voo fez conexão em Atlanta, o aeroporto era gigante e eu me senti uma formiguinha com tanta gente para lá e para cá. Eu com meu inglês tupiniquim cheguei. Já havia me comunicado com a dona da casa e lá estava ela, com uma placa no aeroporto de Vancouver. Ela foi muito simpática comigo, descobri que era 4 anos mais velha do que eu e tinha duas filhas. Passei a ajudá-la no cotidiano e nos sentimos próximas. Contei como foi difícil tomar a decisão de ir estudar, mas estava fazendo isso por meu filho também.

Eu cheguei em um domingo e na segunda-feira já iniciaria os estudos pela manhã. Almocei e arrumei minhas roupas e coloquei uma bendita jaqueta impermeável do Wilson que virou meu uniforme por conta do frio intenso. No primeiro dia, a anfitriã me levou até a escola, mostrou o caminho e os pontos de ônibus. Eram 8 horas daquela manhã cinzenta e chuvosa quando comecei o curso de inglês.

Foi quando conheci a minha primeira amiga e mais dois estudantes brasileiros: o Eduardo e a Monica. O curso foi bem puxado e 100% em inglês. Nós, os brasileiros, fizemos um acordo de não falar português entre nós, porque estávamos lá para praticar.

Nesta época, não havia celular e as ligações telefônicas eram muito caras, então minha comunicação diária com o Wilson era por e-mail, e eu ligava uma vez por semana para falar com o João Pedro rapidamente. Da turma da sala, eu era a única pessoa casada e com filho. Alguns tinham planos de ficar um ano no Canadá ou pelo menos três meses. Só eu ficaria 30 dias! Então eu precisava me dedicar muito mais para melhorar a conversação e escrita em inglês.

No segundo dia, tive de acordar cedo, pois iria sozinha e o tempo estava mais frio e chuvoso. O que mais me chamou a atenção foi o *timetable*, os horários programados dos ônibus, que passavam todos os dias no mesmo horário impreterivelmente. Ao entrar no ônibus, eu já sabia o horário em que chegaria na escola. Tudo muito organizado e bem diferente da minha realidade de São Paulo, onde o ônibus era lotado e não dava para saber nem o horário de chegada nem de partida. Em Vancouver, até o motorista era o mesmo.

A primeira semana foi puxada e, no final de semana, tinha que fazer lição, arrumar o quarto e lavar roupas. O melhor mesmo era ligar para o nosso filho. Quando eu disse "filho, é a mamãe", eu desmontei e ele ficou paralisado aqui, como se reconhecesse a voz, mas não entendesse onde eu estava. Seus olhos se encheram de lágrimas. Os meus também!

Durante a semana era fácil, pois estava na correria, mas nos finais de semanas sofria, a saudade era grande. A família com quem fiquei era especial, tiveram muito carinho por mim, eram católicos e iam todos os domingos à missa. Eu me convidei a ir com eles, pois essa era uma forma de orar, aprender inglês e entender como era tudo lá.

Conversando com os meus colegas, descobri uma excursão para Whistler, como o Campos de Jordão do Canadá, a duas horas e meia de Vancouver. Escolhi ir e voltar no mesmo dia para gastar menos. Para garantir comprei um lanche para levar na mochila. Eu me sentia uma adolescente, sem dinheiro e perdida no mundo. Foi divertido e emocionante e, quando estávamos chegando, começou a nevar.

Nunca tinha visto "nevar" neve, realmente foi mágico. Todos me disseram que era frio, mas eu subestimei, quando desci do ônibus, me senti entrando em um freezer. Sorte que a dona da casa me emprestou uma roupa impermeável, senão teria morrido de frio. Tive que comprar uma luva impermeável, porque os dedos ficam roxos de tanto frio.

Quando chegamos fomos direto para a zona de esqui e, quando vi os preços, pensei imediatamente: isso não é para mim, não tenho dinheiro para alugar nada! Mas meus amigos tampouco tinham e não sabiam esquiar. Então me convenceram a comprar o ticket para o snow jet (como um jet ski para neve), e aí fomos mesmo com um pouco de medo.

O passeio foi mais ou menos de uma hora e meia. Somente aquilo já valeu muito. Estava me sentindo grata por tudo. Depois fomos comer em um lugar bem simples e quentinho, mas os preços continuavam exorbitantes. Eu me sentia muito pobre no Canadá, mas eu me lembrava da minha linda família e isso perdia importância. Na volta, quase perdemos o último ônibus para casa.

O dia foi ótimo, mas a volta desafiadora. Senti muito medo de andar na rua à noite, era quase uma da manhã. Eu estava andando sozinha no frio e na garoa, olhando para trás para ver se alguém me seguia. Um pesadelo! Andava correndo e rezando para ser protegida, traumas de viver no Brasil. Hoje eu sei que lá é muito mais seguro e não havia razão para tantos temores. Cheguei em casa bem, pude descansar e começar a última semana de aula.

Eu estava morrendo de saudade, ansiando por voltar para casa, o coração doía. Quando retornei e meu marido foi me buscar, meu filho me olhou algumas vezes para ter certeza de que era eu mesma e em seguida me deu um abraço gostoso. Nós dois choramos muito, de alegria. Viajar a trabalho ou lazer é fantástico, mas retornar para casa, com a família e a rotina, é maravilhoso. O inglês, entretanto, havia melhorado, estava mais segura para falar e escrever.

Cheguei ao final de fevereiro e estávamos organizando um almoço de 60 anos para meu pai em Atibaia. Na semana seguinte, ele bateu o carro em um cruzamento com uma moto. Ele ficou apavorado, porque achou que o menino tinha morrido e porque estava sem os documentos do carro. Felizmente não morreu. O menino tinha fraturado a perna, era menor de idade e não podia dirigir moto. Além disso, o semáforo estava quebrado. Fomos à delegacia, fornecemos os dados do seguro e tudo terminou bem!

Minha ligação com o meu pai sempre foi muito forte. O aniversário foi comemorado na chácara em Atibaia, convidamos os irmãos e primos mais chegados. Foi um dia muito especial, ele ficou muito feliz! Durante a festa, comentei com uma prima fisioterapeuta que meu pai andava um pouco diferente e estranho, meio parado, principalmente o olhar, não piscava quase.

Minha prima sugeriu levá-lo a um neurologista e, depois de alguns exames, confirmamos que meu pai estava com doença de Parkinson. Ficamos tristes e preocupados com o estado de saúde dele, mas o médico assegurou que, com a medicação, tudo estaria controlado e poderia viver por muitos anos. Se tivesse os conhecimentos que hoje tenho de psicologia, terapias e espiritualidade, talvez tivesse condições de ajudar mais meu pai, mas naquele momento associei o Parkinson apenas com a batida do carro e seu forte impacto emocional sobre ele.

Após as eleições que elegeram Lula como presidente, acredito que todos os brasileiros ficaram muito contentes, inclusive a minha família, que gostava dele, acreditava que a economia era promissora e que existia esperança para o Brasil. Otimistas, decidimos mudar para um apartamento maior em Perdizes, mas os preços estavam muito altos e escolhemos a Vila Romana.

Quando compramos o imóvel da Tucuna, o meu padrinho havia nos apresentado a um condomínio incrível na Rua Duílio, na Vila Romana, mas não tínhamos dinheiro para comprar. Era o apartamento dos nossos sonhos. Quando estávamos buscando por um novo imóvel, pensamos novamente neste imóvel. Entramos em contato com o Sr. Guimarães, proprietário do apartamento e construtor do condomínio. O preço estava acima do que podíamos pagar, mas acabamos convencendo o proprietário a financiar o imóvel para podermos usar nosso FGTS.

Ele propôs fazer um contrato de gaveta, acertando que pagaríamos de entrada o que tínhamos e complementaríamos com as prestações diretamente para ele. Meu coração disse imediatamente sim para essa proposta, mas olhei para o Wilson para obter sua aprovação. Eu saí de lá passando mal com a dívida que estávamos assumindo, mas feliz e aguardando ansiosamente o dia de pagar a entrada, quando receberíamos as chaves do imóvel. Nós assinamos o contrato na sexta-feira e iríamos pagar uma prestação por 48 meses.

Mudamos com o que tínhamos e foi um presente estar ali. Quando estava tudo arrumado, convidamos meu padrinho para almoçar e não falamos onde era nossa nova casa. Quando chegamos, ele não acreditou. Ficou emocionado porque havíamos conseguido comprar o apartamento que havia nos indicado anos atrás, no prédio onde tinha ajudado a instalar as janelas de alumínio.

Nosso controle financeiro era rígido para darmos conta de todas as despesas. O pagamento da prestação do apartamento era o primeiro a ser feito. Depois o convênio dos meus pais, a escola, a Maria e o condomínio. Se sobrasse, economizávamos. Com apenas 36 meses assinamos a escritura e o apartamento já era 100% nosso. Não ficamos mais preocupados em dever para nosso vizinho do 10º andar (morávamos no 8º).

Construímos tijolinho por tijolinho nossa história, com muita cumplicidade e muita oração. Nessa época eu estudava espiritismo segundo Alan Kardec junto com meu companheiro de jornada, inclusive espiritual. Trabalhávamos juntos no centro espírita como passistas e em alguns trabalhos espirituais. Hoje respeito muito esta religião, onde aprendi o quanto tudo está ligado, estamos conectados mesmo sem saber ou querer.

A prosperidade tem várias formas e para cada um pode ter um significado distinto. Ela surge quando temos sonhos, quando sabemos o que queremos e temos coragem de correr atrás. O universo conspira ao nosso favor quando focamos e acreditamos. Na nossa caminhada, o que importa é escutar sempre o nosso coração. Sempre que desejamos o melhor também para as pessoas que nos cercam, a vida flui, a energia da prosperidade trabalha ao nosso favor.

Ser mãe, ser mulher, ser profissional é bem complexo. Na busca do equilíbrio entre nossas diferentes partes, às vezes tropeçamos, caímos e temos de levantar-nos novamente. O importante é perseverar no propósito de se melhorar todo o tempo, ser uma boa mãe e uma boa profissional (e não o inverso!). Saber equilibrar as necessidades e demandas, distribuir o tempo, criar prioridades.

Lembrar a cada dia que podemos transformar nossas histórias, feridas e obstáculos em forças de ação que nos levam adiante. Todas as horas dedicadas aos nossos amados ou à sobrevivência e ao conforto deles valem muito a pena. Elas nos fazem crescer, buscar novos caminhos, nos reeducar e educar o outro, evoluir como almas em corpos físicos. É um longo caminho e, nesse caminhar, são fundamentais: ousar se recriar, buscar o equilíbrio, saber compartilhar e amar de forma incondicional.

CAPÍTULO 8

AS SURPRESAS DA VIDA

"O inverno nunca falha em se tornar primavera."

Nitiren Daishonin

O sonho da grande maioria de brasileiros é ter uma casa própria. Como tantas outras pessoas, cresci escutando meus pais e tios falarem sobre a importância de ter um imóvel, uma moradia própria e quitada. Não importava onde, mesmo que fosse muito simples. Imagine então a nossa alegria de estar naquele apartamento quitado, na Vila Romana!

Nós que viemos de famílias da classe C, que começamos nosso casamento naquele apartamento de 35 metros quadrados, agora estávamos em um apartamento muito maior e totalmente pago, aquele que nunca imaginávamos poder comprar! Além dele, já tínhamos um terreninho em Atibaia onde estávamos construímos nossa sonhada casa de campo.

Meus pais ainda moravam na casa onde nasci, no Imirim. Meu coração partia quando eu recordava que ele estava com doença de Parkinson e não podia conviver mais de perto com meu filho, seu único neto. Tínhamos uma rotina pesada: eu e o Wilson trabalhávamos a semana toda e nos finais de semana nos envolvíamos com as atividades do Centro Espírita que frequentávamos na zona leste. As horas que sobravam eram dedicadas a curtir nosso filho e para a obra em Atibaia.

Eu me sentia mal de ver meus pais e irmãos tão longe e de morar naquele apartamento mais luxuoso, comparado com o bairro onde nasci e eles moravam. Consultei meus pais sobre a possibilidade de mudarem junto com meu irmão para a Vila Romana e eles prometeram pensar. Naquela fase, meu outro irmão morava na Bahia. Mas para eles era difícil sair daquela casa que tinha muitas histórias de nossa família.

Na semana seguinte foram conhecer mais o bairro, o Sesc Pompeia e mais algumas ruas por ali. Eles responderam que estavam dispostos a alugar a casa deles e buscar alguma outra ali na região. Logo encontramos uma casa na rua onde morávamos e eles se mudaram. Eu feliz da vida de tê-los mais perto e de poder estar mais perto deles. Eu me sentia muito realizada.

Um tempo depois, decidimos comprar uma casa ali no bairro para investimento e para meus pais saírem do aluguel. Seria uma forma de economizar, inclusive! Começamos mais uma vez a procurar e encontramos uma casa de vila, que precisava de reforma. Fechamos imediatamente o negócio, dando um sinal de entrada e parcelando o restante.

Tínhamos tudo pré-aprovado com o banco, mas o proprietário (herdeiro da casa) não pôde, por questões legais, passar a documentação completa para que pudéssemos financiar. Enquanto esses problemas contratuais se resolviam, tomamos posse do imóvel e começamos alegremente a reforma junto com meu irmão.

Tudo parecia estar perfeito, mas dificuldades começaram a chegar sem pedir licença.

Nessa época, tínhamos trazido do Nordeste um garotinho de 8 anos (filho de uma ex-ajudante do lar da minha mãe). Ele cresceu ao lado do meu filho e todos sempre tiveram muito carinho por ele. Um final de semana antes do aniversário do nosso filho, fui à Rua 25 de Março comprar as decorações da festa e convidei minha mãe para ir comigo para deixar as coisas que havia comprado em Atibaia.

O menininho ficou em casa, fazendo companhia para o meu pai. Quando voltamos de Atibaia a rua onde meus pais moravam estava fechada. Havia muitas pessoas na rua e um carro do Corpo de Bombeiros. O fogo havia começado no quarto onde meu irmão e o garotinho dormiam. Ele acendeu um isqueiro debaixo da cama, para iluminar um brinquedo, alguma fagulha foi até o colchão e lá se foi boa parte da casa.

Entrar na casa foi muito triste, tudo estava preto e cheirava carvão. Sorte que meu irmão conseguiu, com a ajuda dos bombeiros, salvar umas economias que guardava em casa. Ficamos todos arrasados e fomos para minha casa até normalizar a situação. Pedimos ajuda para um irmão do meu pai, o Edilson (que tinha um coração maravilhoso!), para a "santa" Maria e mais um ajudante que trabalhava com meu irmão nas obras.

Nessas horas complicadas e desafiadoras, conseguimos realmente enxergar o coração das pessoas, saber quem é quem! Sou muito grata a todos e principalmente a meu tio, a quem infelizmente não consegui ajudar como gostaria. Passamos o domingo lavando todas as paredes da casa, pois a fuligem tinha atingido todas as partes da casa. A limpeza e arrumação levaram semanas. Foi quando decidimos levar tudo deles para a casa que havíamos comprado e devolver o imóvel alugado, pois já não existia mais energia para estarem ali.

Sou grata ao meu irmão que conseguiu deixar a casa em ordem para devolver as chaves, e ainda pagamos a multa do contrato. Como gastamos muito com a casa onde eles moravam, tivemos que acomodar tudo na casa nova de algum jeito até que pudéssemos começar as reformas. Foi uma semana complicada, mas superamos e, no final de semana, comemoramos com muita alegria o aniversário do nosso filho em Atibaia.

No ano seguinte, quando estávamos nos recuperando dessa situação, meu padrinho que eu tanto amava estava adoentado e quase toda semana ligava se convidando para ir para Atibaia conosco. Morava com a mãe, irmã mais velha do meu pai, uma mulher guerreira, que criou mais de dez filhos naturais e dois adotados. Ele andava muito deprimido, havia se separado da esposa, os filhos estavam na universidade e a empresa em que trabalhava havia falido.

Na época eu não entendia o processo de depressão aguda e pouco pude ajudar. Agora, sim, conheço vários métodos de terapia que podem auxiliar pessoas com este quadro de saúde e atenção. Ficávamos muito felizes em buscá-lo para o final de semana. Era uma delícia estar na companhia dele, eu gostava muito dele e o Wilson o considerava um grande amigo.

Ficar em Atibaia, como ele dizia, era estar em um paraíso, a gente se renovava, era bom demais mesmo. Quando pensamos em ter a chácara em Atibaia, foi sempre pensando em reunir a família, em receber amigos e em comemorar a vida. Quantas festas fizemos lá, mesmo quando não tínhamos casa, somente uma grande edícula! Boas lembranças! Tudo era maravilhoso, curtimos todos os dias e compartilhávamos tudo! Inclusive a grama da chácara foi plantada pela família e amigos. Somos uma família unida, como uma equipe, todos nós nos ajudamos.

Por conta da atribulação da vida, acabamos ficando umas semanas sem falar com o padrinho e logo fiquei sabendo que ele estava muito mal. O quadro dele havia piorado muito e os médicos não descobriam o que ele tinha, mesmo depois de um mês de internação hospitalar. A pedido de minha tia cheguei a levá-lo no centro espírita, onde ele passou por uma cirurgia espiritual. Foi recomendado fazer o evangelho todos os dias pela manhã e que ele ficasse conosco à noite.

Preocupados com a responsabilidade, levamos meu padrinho para nossa casa com a benção de minha tia e primos. Nos primeiros dias ele passou muito bem, mas logo começou a ter febre. Ele tinha um convênio, mas não queria retornar ao hospital onde tinha ficado internado. Dizia que eles já haviam feito todos os exames e não haviam encontrado nada que explicasse a perda de peso e de onde vinha aquela febre. Rodamos por outros hospitais, mas todos queriam transferir para aquele hospital em que ele já havia ficado.

Ele se negava a ser internado e eu sentia no meu coração que não podia contrariar a vontade dele. Conversei novamente com minha família e o levamos para casa, pois a febre havia passado. Quando chegamos, fizemos nossas orações e fomos dormir. Poucos dias depois ele foi novamente internado. No sábado renovamos nossas orações no centro espírita e fomos visitá-lo em seguida.

Era um entardecer muito lindo, o sol estava batendo em todo o quarto e eu o vi iluminado, com uma vitalidade extra e dizendo que estava no paraíso. Saímos cheios de esperanças, mas nos dias seguintes o quadro dele se agravou e, na terça-feira pela madrugada, recebemos a notícia do seu falecimento. Como é difícil receber uma notícia assim e ainda contar para os filhos!

Tudo isso que vivi me fez refletir muito sobre nossas vidas e sobre a tal da depressão, o mal do século. As tristezas, as mágoas e angústias, quando não tratadas, podem realmente virar doenças complicadas e que passam desapercebidas, mesmo para médicos experientes. No caso dele, somente depois do seu falecimento descobriram que ele tinha tuberculose miliar, uma enfermidade que afeta gradualmente todos os órgãos do corpo. Somente com o apoio da família e das muitas orações conseguimos aceitar e nos recuperar da perda dessa pessoa tão querida!

Mas a vida intercala tristezas e alegrias e é preciso estar atento às oportunidades. Algum tempo depois, fomos convidados para um casamento em Araçatuba e ficamos hospedados em um hotel, na beira do Rio Tietê. Lá havia uma pequena praia, onde eu tive uma experiência inusitada: entrei nas águas límpidas do Tietê, aquele mesmo rio que empesteia tantos bairros de São Paulo com sua poluição e seu cheiro.

Foi muito lindo o casamento de um colega de trabalho, estávamos os três — o Wilson, meu filho, e eu — bonitos e contentes. Fazia tempo que não íamos a uma festa tão especial e, quando voltei dessa viagem de 4 dias, me senti diferente! Dois meses depois veio a resposta: a tão esperada Maria Rita. Sim, eu estava grávida novamente! Confesso que, quando o teste deu positivo, entrei em pânico e fui comprar outro teste para confirmar a notícia!

Lembro que saí pela rua em um domingo pela manhã, encontrei meu irmão Marcos (que estava chegando na casa dos meus pais) e fomos juntos para a farmácia, ansiosos e contentes com a possibilidade de um novo integrante da família. Eu sentia dentro de mim que estava grávida, mas ainda era difícil acreditar que teria um bebê quase 10 anos depois da última gestação. Quando voltei para casa e confirmei novamente a gestação, foi uma mistura de alegria, gratidão, medo de não dar conta de dois filhos e mais tudo que estava se passando comigo no trabalho e em casa.

Acordei o Wilson com essa notícia e ele ficou feliz, sempre pensou em ter uma filha. Estar grávida me fez lembrar-me de um sonho muito real que eu tive com minha avó materna Arminda, dois anos antes. Ela estava toda de branco, linda, com uma menininha de mais ou menos 4 anos, com um vestidinho branco também, cabelos encaracolados até o ombro. Eu perguntei quem era e ela disse: Maria Rita. Lembro-me de ter comentado: "Que linda!", e dela responder: "É sua!" "Minha?", eu questionei. "Sim, ela vai ficar com você", confirmou minha avó. Naquele momento, eu acordei, feliz e ao mesmo tempo um pouco assustada.

Quando descobri que estava grávida, contei para a Maria que o tal sonho tinha se realizado, que nossa menininha estava chegando. Cada gravidez é uma experiência única, profundamente impactada por nossas emoções e circunstâncias pessoais, familiares, profissionais e financeiras. Minha segunda gestação foi bem diferente da primeira. Eu passei muito nervoso, estava muito ansiosa, tive muito enjoo, muito trabalho e estava bem acima do peso, o que não me deixava feliz. Acho que até hoje ainda não perdi esses quilinhos a mais.

No trabalho, o ambiente não estava nada bom, havia ocorrido uma mudança de chefe e estava com um problema com um funcionário. Certo dia, a tensão era tanta que eu sentia que minha barriga tremia de nervoso. Até hoje me sinto um pouco culpada de ter passado tanta ansiedade para minha filha durante a gestação. Nessa mesma época, para completar, resolvemos reformar nosso apartamento, construindo duas suítes para as crianças. Mais preocupação e tensão, claro!

Os novos ambientes ficaram lindos e tivemos de preparar o quartinho da filhinha na correria. Quando estava com 8 meses de gestação, eu saí de licença maternidade, pois já não conseguia ir trabalhar, estava muito grande e tinha muito sono. Ela era uma bebê grande e me dava muitos chutes, principalmente à noite, quando não me deixava dormir. Agendei o parto porque já estava com 36 semanas e estava decidida a operar, mais uma vez para o dia 2, mas agora de junho.

Minha filha nasceu em um dia muito frio, chegamos com a malinha no Hospital Albert Einstein com toda a minha família, ansiosa por assistir ao parto. O Wilson entrou comigo e, às 12:41, ela nasceu com quase 4 quilos. Como qualquer mulher depois de uma cesárea, fui para o quarto com meu bebê e eu continuava muito grande, parecia carregar outro ser dentro de mim!

Tudo corria bem e, ao contrário do meu primeiro filho (que demorou dois dias para mamar), duas horas depois do nascimento minha filha já estava ansiosa para mamar. Eu estava muito cansada, mas ela pegou o peito como se estivesse morrendo de fome. Ficamos na maternidade por três dias e voltamos para casa com a nossa princesinha. Nossa, que alegria ser abençoada com uma linda e saudável menininha.

Foi uma experiência maravilhosa cuidar dela naquele quarto, verdinho claro, rosa e bege, todo coordenado. Contei muito com o apoio do Wilson, mas é desafiador ter um recém-nascido em casa no inverno, principalmente um que parecia não gostar de dormir à noite. Até hoje, com 14 anos, ela adora ficar acordada até mais tarde. Com 4 meses, ela foi batizada, pensamos que ia melhorar a choradeira, mas nada mudou. Tome choro!

Estava quase para voltar a trabalhar e não tinha ainda uma pessoa para nos ajudar, alguém que teria de ficar muito próximo de toda a família. Estava ficando muito preocupada, até que minha mãe me apresentou uma pessoa muito tranquila, que cuidava de uma idosa de quase 100 anos e estava disposta a ser babá, mas nunca tinha sido.

Gostei muito dela e a contratei, mesmo receosa em relação a sua falta de experiência. Para ajudar, eu a matriculei em um curso de babá, o que me deu tranquilidade para voltar a trabalhar um mês depois. Quanto mais a Maria Rita crescia, mais chorava à noite. Tínhamos de nos revezar — eu, a babá e o Wilson — no cuidado de minha filha, e a Maria ficava mais direcionada ao meu filho. Neste contexto, voltei a trabalhar e o escritório havia mudado para Alphaville, o que era mais desafiante ainda.

Os primeiros dias e semanas depois de um parto são um grande desafio para os pais, ainda mais com dois filhos, mas aos poucos a vida voltava ao normal. Maria Rita foi crescendo e ficando cada vez mais linda e esperta. Logo já andava pela casa toda e amava assistir aos desenhos animados dos *Backyardigans*, ficando hipnotizada por aquela musiquinha dos personagens Pablo e Tasha.

Quando ela completou 10 meses, o meu marido ficou desempregado e ficamos meio apavorados. Lembro de ter saído do serviço para conversar com ele. Eu disse: "Calma, você não está sozinho, estamos juntos e vamos superar isso". Como acontece com as pessoas que se identificam muito com o trabalho, ele se sentia mal com o fato e não queria contar para ninguém, principalmente para o nosso filho, que já era um adolescente.

Nesse início, ele recebeu a indenização de 18 anos de trabalho, mas já havíamos usado parte para comprar apartamento e o dinheiro não rendeu muito. Mesmo assim decidimos fazer o aniversário de um ano da nossa filha para poucas pessoas, no salão do prédio. No meu coração, eu pensava que o primeiro filho tivera uma festa para 150 pessoas e a dela seria bem mais modesta.

Assim fizemos, o tema da festa claro que foi *Backyardigans*, e contratamos até dois atores para ser Pablo e Tasha. Ela ficou tão feliz que não queria sair do colo do Pablo e da Tasha. Estava tão agarrada que os dois atores tiveram de acompanhá-la até o quarto para que eu pudesse colocá-la para dormir, estava muito cansada.

A festinha foi simples, mas foi bem bonita, eu estava meio passada ainda. No meu coração eu sentia uma dor enorme, pois via meu marido abatido e com baixa autoestima. Por outro lado, eu havia sido promovida antes de engravidar e estava muito bem profissionalmente.

Nessas horas, recebi todo tipo de conselho: pessoas que me diziam para separar, para seguir minha vida, outras que me incentivavam a permanecer casada, pois casamento é assim, tem altos e baixos. Eu ia trabalhar com uma tristeza, mas seguia em frente. Também buscávamos apoio no centro espírita kardecista que frequentávamos, agora na Rua Clelia.

Desde quando trabalhei com roupas infantis, eu tinha vontade de ter uma loja de presentes para crianças. Então, como o Wilson ainda não tinha uma nova colocação oito meses depois de seu desligamento, decidimos usar parte da sua indenização para alugar e reformar um ponto ali na Praça Cornelia. A loja ficou fofa, chamava-se "Parabéns" e tinha presentes para crianças, roupas e brinquedos.

Começamos empolgados e minha mãe foi uma grande parceira nesse projeto, já que tinha experiência em loja de roupas. Eu trabalhava a semana toda e nos finais de semana ajudava na loja. Tudo parecia estar bem, mas comecei a ver o meu marido novamente desanimado, porque ficava só na loja e não tinha muito o que fazer, não tinha movimento. Ele ficava mais no controle e escritório e minha mãe na loja.

Nossa filha foi para a escolinha com um aninho. Era uma escolinha bem mais simples na mesma rua em que morávamos. Fiz um acordo com a babá para nos ajudar na loja enquanto ela ficava na escola. Assim seguimos. As vendas não pagavam as despesas fixas, então sempre tínhamos que completar. Pensávamos que era porque era o início, mas a situação foi somente piorando.

Eu estava comprometendo meu salário na loja, assim foi virando uma bola de neve e rapidinho estávamos endividados na loja e em casa. Eu comecei a ficar desesperada, não conseguia nem me concentrar no trabalho direito devido ao cansaço físico, às dívidas e às ligações constantes do banco.

As escolas ficaram com mensalidades atrasadas, começamos a brigar muito e tivemos de dispensar a pessoa que trabalhava em nossa casa que tanto queríamos bem. Nossa, como foi difícil! Eu não podia mais ter duas pessoas trabalhando na minha casa e tive que optar pela que podia dormir em casa. Eu precisava de alguém que pudesse me ajudar, porque eu viajava muito a trabalho. Tivemos que parcelar a indenização dela e explicar tudo o que estava acontecendo. Parecia que havíamos sido atropelados por tantos problemas.

Sou muito grata por minha mãe e meu pai terem ido em nossa casa todos os dias para fazermos o evangelho no lar, para orarmos pela saúde do meu marido e para que as orações nos mostrassem uma saída, uma solução. Tive muito apoio tanto da babá como da Maria, que souberam entender nossa situação nesse período e nos dar força para continuarmos.

Ficamos com todas as contas atrasadas — exceto o convênio de meus pais — e a solução foi deixar o orgulho de lado e pedir dinheiro emprestado para o meu sogro. Assim conseguimos manter nossos filhos na escola naquele ano.

Em um desses dias de desespero, uma amiga do trabalho me indicou uma terapeuta no Tatuapé. Contamos para ela que tínhamos um apartamento e uma chácara quitados, mas devíamos muito para os bancos e nosso padrão de vida havia caído pela metade. Fiquei impressionada com a sabedoria dela, parecia uma grande mãe para nós. Expliquei tudo o que estava acontecendo e a primeira frase que ela disse foi: “Dívida se administra”. Eu não entendi imediatamente, estava com a cabeça meio enevoada.

Ela mais uma vez tentou explicar: “Vocês não têm liquidez, este é o problema! Não é que vocês não têm dinheiro!”

Ela nos fez enxergar que deveríamos colocar para vender a casa de campo ou o apartamento para sairmos daquela situação. A outra recomendação foi transferir o meu pagamento para outro banco para evitar que o banco confiscasse o meu salário por conta das dívidas.

Quando eu perguntei o que deveria fazer com as dívidas bancárias, ela respondeu: “No momento, foque nas ações”. Ela também nos ensinou o *Nam Myoho Rengue Kyo.* Escreveu esse mantra em um papel e me disse para recitar diariamente. Isso ajudaria a nos equilibrar e a encontrar um caminho.

Santa intervenção! Voltamos para casa mais leves, porque ela nos deu um norte, além de equilibrar nossos chacras. O Wilson seguiu cuidando da loja, começou a praticar este mantra e ainda ensinou minha mãe. Eu também comecei a orar e tomei as providências com o meu salário, mudei para outro banco. No entanto, meu marido continuava recebendo telefonemas de cobrança e ficando depressivo, emagrecendo dia após dia, sem saber o que fazer.

Certo dia, a gerente do banco ligou para a loja e disse que tínhamos que pagar nossa dívida ou fazer um contrato de refinanciamento, colocando o apartamento como fiança. Caso contrário, a dívida iria para o Departamento Jurídico e para o Banco Central. Fui trabalhar pensativa e, quando voltei para casa e peguei o envelope do banco na portaria, veio uma intuição muito forte que me dizia “você não vai assinar este documento”. Tenho certeza de que foi a ajuda de um grande anjo protetor! Piquei aquele contrato em pedacinhos.

Quando a gerente do banco telefonou, informei que não ia assinar nada, eu não ia entregar o nosso apartamento quitado para o banco de graça, o suor de nosso trabalho. Nervosa, comecei a gritar com ela no telefone, a falar dos juros absurdos e da pressão emocional sobre nós em um momento já tão difícil.

Voltamos à terapeuta, contamos o que havíamos decidido e ela nos deu os parabéns.

Eu me sentia mal por estar devendo para outras pessoas, porque cresci vendo meus pais fazerem tudo para não atrasar os pagamentos das contas. Diziam que o nosso nome é tudo, que não podíamos sujar nosso nome com dívidas. Infelizmente, nosso nome foi para o serasa, "mais sujo do que *pau de galinheiro*", como os antigos falavam. No entanto, a terapeuta nos fez enxergar que nossa família e nossa saúde eram mais importantes que o material. E o fato é que estávamos tentando resolver a questão financeira assim que possível.

Depois daquele dia, nós decidimos realmente enterrar nosso orgulho, nosso ego, e percebemos que nosso casamento, nossa família, nossa saúde são muito mais importantes que qualquer dívida bancária, por pior que seja. Meu coração me lembrava das palavras recitadas no altar: na alegria e na tristeza, na saúde e na doença, até que a morte nos separe! E é isso mesmo que deve ser...

Daquele dia em diante, decidimos aceitar que somos o resultado de nossos acertos e erros e trabalhar para transformar nossa realidade. Colocamos o apartamento, a chácara, tudo à venda. Tomar essa decisão nos deu um alívio e conseguimos passar um Natal feliz com nossos filhos amados. Naquele ano aprendi uma grande lição: a enfrentar sempre os problemas de frente, a parar de fingir que eles não existem, a não se colocar como vítima diante da vida, a deixar de inventar desculpas para si mesmo.

Naqueles momentos e em outros tantos que vieram depois, aprendemos a ter mais humildade, a pechinchar no mercado e na feira, a dar valor a cada centavo e nos aceitar como realmente somos (humanos!).

CAPÍTULO 9

FÉ E ESPERANÇA

"A fé é o instinto
da ação."

Fernando Pessoa

Este foi um dos momentos mais difíceis da minha vida. Tive que ser muito forte para não desistir do casamento e para encarar de frente todas as minhas falhas e as do meu companheiro. A vida é uma escola e quando erramos ela mesma nos corrige. Quando eu me vi deprimida e com todos aqueles problemas financeiros, tive de reconhecer que estávamos errando por orgulho, soberba.

Confesso que, por conta do lugar de onde viemos, de todas as nossas lutas, nós nos sentíamos melhores ou mais competentes que as outras pessoas, pois havíamos transcendido nossos limites, conquistado tudo que queríamos e acreditávamos seriamente que os problemas corriqueiros que todos tinham nunca iriam chegar à nossa casa.

No início, eu me encontrava em estado de negação e culpava o outro, claro! Pensava comigo mesma que os problemas não eram meus. Não tínhamos dado conta das dívidas porque ele tinha sido desligado, depois de ficar 18 anos em uma mesma empresa, sem buscar novas oportunidades.

Algumas vezes, me passava pela cabeça que não precisava estar naquela situação, colocando-me como a vítima. Daí eu me recordava do sentimento que tínhamos um pelo outro, de tudo que havíamos vivido juntos, do tanto que ele havia me ajudado desde que nos casamos.

Aquele era o momento de retribuir, de mostrar para mim mesma que eu podia ser forte por nós dois, podia superar aquela situação. Afinal, o casamento significa caminhar um ao lado do outro, um ajudando o outro, um amando o outro. Se estava casada com ele é porque tínhamos uma história para viver e transformar juntos.

Nossa situação somente começou a mudar quando aceitamos em nossos corações que erramos, que eu erro, ele também. Não somos perfeitos, ou somos perfeitos e imperfeitos ao mesmo tempo. Apesar de nossas projeções, eu não sou a filhinha maravilhosa dos meus pais e ele o bonzinho da mamãe que nunca trouxe problema algum.

Todos cometemos equívocos, desvios ou pecados, como dizem os católicos e evangélicos. Todos nós temos em nosso interior, de forma latente, todos os estados de vida ensinados pelo budismo, desde o inferno até a iluminação. O que nos diferencia são as nossas atitudes, nossas ações, nossa capacidade de reconhecer, nossa intenção de mudar, nossa coragem para recomeçar de forma diferente.

Existe uma frase no budismo que é muito profunda: "Não é porque os outros estão errados que você está certo". Nós, seres humanos, não gostamos muito de olhar com honestidade para o nosso interior. Em situações críticas, quase ninguém pensa: é minha responsabilidade! A culpa é minha!

Preferimos voltar nossos olhos para o que está fora de nós e muitas vezes até usamos nossos conhecimentos filosóficos para julgar, medir ou criticar o outro. Suas atitudes, sua fé.

Devemos, entretanto, olhar para nós mesmos e trilhar o nosso caminho. Agora, como praticantes budistas, aprendemos o quanto é importante desafiarmos a nós mesmos, que a luta é conosco mesmos e vamos sair vitoriosos muitas vezes. Sinto que já fui budista em outras vidas porque, em toda a minha vida, sempre tive a tendência de olhar mais para dentro que para fora. Nós somos o próprio universo, quem vence a si mesmo vence a tudo.

Quando nos encontramos em uma situação difícil como a que passamos, o mais difícil é admitir que falhamos e buscar uma força maior que nós mesmos. É nesta hora, neste momento, que mais devemos buscar Deus ou o que você acredita, orar por clareza. Um momento valioso para entendermos o que significa realmente ter fé.

Ter fé é deixar que Deus, o Universo, nos guiem no exato momento em que não sabemos o que fazer. É entregar nossa vida, deixar que as orações nos mostrem o caminho.

A batalha da vida é determinada pela maneira como conseguimos nos corrigir depois de ficarmos muito mal. É a partir desse ponto que nosso voo começa.

O mais importante é continuar a desafiar a situação com esperança e coragem até o fim. Foi o que nós fizemos diante daquela situação: levantamos a cabeça e encaramos nossos problemas, com o apoio da nossa terapeuta, das orações individuais e familiares. Respiramos fundo e decidimos recomeçar.

O presidente da Soka Gakkai, Daisaku Ikeda, afirma que ter esperança é acreditar no futuro. A esperança e a coragem de continuar se desafiando. Aqueles que creem no Sutra do Lotus são como o inverno, que nunca falha em se tornar primavera. Por mais difícil que seja a circunstância, através da oração, nosso coração se fortalece e conseguimos transformar qualquer situação negativa.

Portanto, tudo depende de cada um de nós. De aceitar quem realmente somos, luz e sombra, de reconhecer acertos e erros, de estudar e orar, de encorajar as pessoas a nossa volta. Agir dessa forma enche nossa vida de esperança, da convicção de que haverá dias melhores, e nos leva à revolução humana (ou reforma íntima, como os espíritas chamam).

Naquele momento da minha vida, com tudo o que estava passando, recebi um telefonema de uma empresa de que eu nunca tinha ouvido falar, Viacom. Havia sido indicada para aquela posição por um ex-chefe, o mesmo que havia me promovido a diretora na Warner Bros. As notícias boas começaram finalmente a chegar. A empresa ficava na Avenida Francisco Matarazzo, perto de onde morávamos, o que queria dizer que ficaria mais perto dos meus filhos e outros queridos.

Lá fui eu, muito animada e feliz. No final de semana tinha pesquisado a empresa e já sabia que era a Nickelodeon, uma empresa que realmente entendia de criança. Depois de várias entrevistas, foi agendada uma videoconferência com meu futuro chefe, que vivia em Miami. Estava animada e com a perspectiva de receber um bom convite, embora me sentisse meio encabulada por conta de meu marido estar sem emprego fixo.

Duas semanas depois fui contratada, mas com salário 20% menor do que eu ganhava. Estava meio decepcionada.

Que situação! Era o emprego dos meus sonhos, mas o salário... A vida sempre prega peças! Passei a semana sofrendo com esse assunto e não tive coragem de contar para o Wilson e nem ligar para a empresa para dizer que não aceitaria a proposta.

Na quinta-feira da semana seguinte, a empresa me ligou e eu respondi que, por aquele valor, eu não poderia aceitar. Pedi para revisarem o valor oferecido, mas eles não toparam. Então eu recusei a proposta. Passei dois dias muito triste até conversar com uma pessoa muito querida, que me ouviu amorosamente e sugeriu que eu compartilhasse essa situação com meu marido, pois percebia que eu estava sofrendo.

Realmente estava, tinha sentimentos contrários e baixa motivação para seguir trabalhando no mesmo lugar, por mais que gostasse das pessoas, das marcas e da empresa.

Quando conversei com o Wilson, lágrimas escorrendo pelo rosto, ele me disse que o mais importante para ele não era os 20% a mais ou a menos no meu salário, mas, sim, ver sua esposa feliz. Argumentou que logo estaria empregado e que, embora dinheiro fosse importante, não era tudo na vida.

Não me contive de felicidade diante da ponderação dele! Dei um abraço muito apertado nele, pois ele abrira meus olhos e meu coração! Mais uma vez reconheci a pessoa valorosa ao meu lado e me lembrei de que dívidas temos de administrar e que a felicidade é o que realmente importa. Com medo de terem arranjado uma nova candidata, passei o final de semana pedindo que Deus me ajudasse, pois eu tinha certeza de que aquele trabalho era o ideal para mim.

Na segunda à tarde, entrei em contato com a área de Recursos Humanos e, quando soube que a vaga ainda estava aberta, aceitei a proposta, explicando que conversara muito com meu marido, que tinha certeza do resultado que eu iria entregar e que um dia o tema salarial seria revisto. Comecei no novo emprego no início de abril de 2009, a minha filha estava para completar 2 anos e meu filho, 12 anos. Que felicidade, uma empresa excelente e perto de casa!

Comecei a enfrentar os desafios nesse novo ambiente de trabalho, onde muitos não sabiam o que eu fazia. Eu fui a primeira pessoa de *consumer products* contratada no Brasil, responsável por construir e desenvolver este departamento. Que alegria, me senti importante, tiraram fotos, prepararam um release sobre a minha chegada.

Na empresa anterior eu era uma peça do time, ali eu era a principal, tudo dependia do meu trabalho. A minha responsabilidade tinha aumentado, eu tive que aprender muito sobre televisão, audiência, distribuição e outras coisas mais. Eu era muito conceituada no mercado, mas naquela fase inicial eu me sentia um peixe fora d'água na empresa. Mas vivia um dia de cada vez.

O trabalho sempre me desafiou muito e neste novo local não era diferente. Tinha que fazer acontecer, fazer meu nome lá, como sempre dizia meu pai. Quando chegava em casa, era fazer acontecer novamente, agora com as nossas finanças. Economizar e administrar bem o dinheiro para conseguir pagar tudo ou quase tudo.

Segui trabalhando e aprendendo com a vida. No final do primeiro ano de trabalho na empresa, meu chefe veio ao Brasil e me entregou um envelope com um bônus por todo o trabalho realizado. O gesto teve grande valor para mim! Na realidade eu estava muito grata ao Universo, que estava devolvendo exatamente o valor que eu deixei de ganhar com um salário mais baixo. Essa foi mais uma grande lição na minha vida, aprendi que dinheiro é importante, é energia, deve ser respeitado. Tudo depende da sua relação com ele.

Eu acabei explicando para o meu chefe o que havia acontecido na minha vida e durante a contratação e ele também ficou emocionado. Ele estava feliz com o meu trabalho e me disse para continuar dando o meu melhor, que a vida sempre iria me retribuir. E assim foi. Só tenho a agradecer.

Assim o horizonte foi clareando, aos poucos. Determinado dia, um corretor nos procurou, comunicando que havia um casal que gostaria de visitar nosso apartamento. Eles se apaixonaram pelo imóvel e imediatamente fizeram uma proposta de compra. Ficamos felizes e atribuímos essa boa notícia às preces e aos esforços que fazíamos diariamente para mudar nossa vida. Na época, muitos questionaram nossa decisão de vender um apartamento tão lindo, mas ficamos firmes em nosso propósito de corrigir as finanças, de ter paz de espírito e saúde.

Pedimos o final de semana para pensar e saímos em busca de um novo imóvel para morar. Eu acreditava firmemente, através da força do meu coração, que poderíamos comprar uma casa no mesmo padrão, em um bom lugar e onde nos sentiríamos melhor. Eu tinha duas preocupações: as casas do nosso bairro eram muito caras e ainda não tínhamos quitado o imóvel de meus pais. A qualquer momento, o vendedor poderia nos procurar para dizer que a documentação estava em ordem e receber o que ainda devíamos.

Meu pai, com a simplicidade e sabedoria dele, sempre me falava: “Não se preocupe, no final tudo dará certo”. E assim foi. Encontramos uma casa de um casal que estava se separando e precisava vender urgente. A casa era muito parecida com nosso apartamento, alguns cômodos tinham sido reformados e tinha três garagens. Em uma delas, fechada, eu poderia montar o tão sonhado estúdio para meu filho, que tocava guitarra e queria aprender a tocar bateria.

Senti na hora que era a casa que estávamos buscando. Conversei com a senhora que saíra da casa — a mãe do proprietário — e ela estava tão feliz quanto eu com a possibilidade de negócio. Eu tinha a certeza de que era a nossa casa e consegui motivar o Wilson a ir até a casa para conhecer no mesmo dia. Tranquila, minha mãe foi para a casa dela com a certeza de que tudo daria certo. Deus já havia mostrado o caminho.

Quando encontramos o dono da casa, mais uma coincidência: já havíamos trabalhado juntos, no Walmart. O Wilson gostou da casa e confirmou o negócio, principalmente porque já havíamos procurado muitos imóveis e ainda sobraria o valor exato para pagar nossas dívidas. Perfeito!

O proprietário estava com um financiamento em um banco e precisava urgente sair daquela prestação. Então, rapidamente negociamos, oferecemos uma entrada, tomamos a posse do imóvel e depois quitaríamos o financiamento, sendo o contrato firmado diretamente conosco, sem ter de pagar comissão para ninguém.

Fechamos a venda do apartamento e recebemos um valor inicial; parte foi para a entrada da casa e outra parte para negociar as dívidas bancárias. Tivemos que procurar um advogado para nos ajudar a pagar o mínimo possível, mas era importante porque a dívida estava com o departamento jurídico e não mais no banco. Na época, vinha sempre à minha mente uma frase da minha mãe: "Mais vale o pouco com Deus do que o muito com o diabo".

O que mais queria na minha vida e no meu coração era paz, saúde e felicidade. Tudo parecia muito simples. Com a ajuda de amigos e parentes, mudamos rapidinho para a nova casa e logo meu filho podia chutar bola com o pai no quintal e tinha a promessa de ganhar um estúdio dele que acabei não fazendo, mas ele mesmo conseguiu comprar a bateria dele com seu próprio dinheiro, que ganhava nos Natais e aniversários e economizava.

Em três meses, a casa já estava quitada com o restante do dinheiro do apartamento e tudo estava muito melhor. Pudemos respirar um pouco aliviados, mas a situação da loja continuava, nós sempre tínhamos que colocar dinheiro para completar o mês, mesmo com um salário menor. Começamos a pensar que o ponto ali não era bom porque não tinha como as pessoas estacionarem.

Então, resolvemos mudar para outro ponto na mesma rua e começou novamente a maratona de trabalho nos finais de semana. Meu sonho sempre foi ter uma rede de lojas, mas o sonho era meu e eu não percebia que os olhos do Wilson não brilhavam com esse projeto. Eu sentia no meu coração que o negócio dele era trabalhar em uma empresa. Em uma viagem, uma amiga comentou que seu pai estava buscando uma pessoa com o perfil do meu marido e tudo se encaixou. Que felicidade inesperada!

O trabalho não era para fazer exatamente o que ele pensava, mas a alegria dele de ir trabalhar em uma empresa nos deixava muito felizes. O mais desafiador naquela época era que ele tinha que sair do trabalho e passar na loja todos os dias, para fazer o fechamento. A babá já havia passado a ser funcionária da loja e minha mãe estava nos ajudando. A minha filha passou a estudar na mesma escola onde nosso filho estudava.

Parecia que tudo estava começando a melhorar e surgiu até a oportunidade de alugar uma salinha em cima da loja para a manicure da minha mãe. Eu achei uma ótima ideia, mas, quando eu conversei com ela, percebi que não tinha dinheiro para pagar aluguel, mas tinha muitas clientes e poderia pagar um percentual do que ganhasse. Deu super certo e, com o percentual pago por ela, quase pagávamos o aluguel. Nessa época, eu pude entender como é complicado ser patrão, ter uma empresa, o quanto se paga de impostos no Brasil. Aprendi também que a vida é assim: um ajuda o outro.

Fiquei muito feliz, pois as coisas estavam voltando ao normal ou, melhor, a um novo normal. Eu poderia dar uma festa no buffet para comemorar o aniversário de 5 anos da nossa filha. Nossa, eu estava animada, mas me sentia um pouco mal por achar que estava fazendo algo errado. Tinha um sentimento de culpa de não poder gastar, pensava no que os outros poderiam pensar (principalmente as pessoas da família!).

A culpa é uma emoção que sempre aparece quando saímos de uma família muito humilde e conseguimos vencer de alguma forma. Sempre conversei sobre isso com minha mãe, que me dizia que havíamos trabalhado muito e merecíamos tudo o que conquistávamos. Ela garantia: "Deus sempre vai abençoar vocês, porque vocês são do bem e não desejam mal para ninguém". Então, todas as vezes que a culpa me cerca, penso nessas sábias palavras e sigo adiante.

Outro impulso muito frequente nesse contexto é a sobrecompensação ou querer ter algo a mais para compensar o que não se teve em algum momento: amor, dinheiro, viagens e até sapatos! Nossa mente nos prega peças e precisamos estar sempre atentos... Dessa vez, eu não caí na tentação de sobrecompensar a minha infância e ofereci para a minha filha sua primeira festinha em um buffet, não no melhor buffet da cidade, mas naquele que podíamos pagar naquele momento.

No entanto, para cometer essa pequena extravagância, precisamos de ajuda. Conseguimos parcelar o valor do buffet e minha mãe emprestou os cheques pré-datados, porque não tínhamos mais cheque nem cartão de crédito. Foram 50 convidados entre as amiguinhas da escola antiga e da nova. A festa foi no mesmo dia do aniversário, em um dia da semana, porque era mais barato. Eu nunca tinha visto a minha filha tão feliz, correndo para lá e para cá. Ela não sabia onde ela brincava primeiro nos brinquedos e com tantas amiguinhas.

A melhor felicidade de uma mãe é ver os filhos felizes ou poder proporcionar algo para eles. Depois que a festa terminou, eu não me senti mais culpada como estava anteriormente por ter propiciado grandes festas para o nosso filho mais velho e ter mudado o padrão com a nossa filha. Entendi que as coisas simples muitas vezes podem nos trazer mais alegria que as grandiosas. A vida ensinava mais uma vez! E eu sentia muita gratidão! Desde adolescente eu sinto mais alegria em dar do que receber, o meu coração fica em chamas quando eu posso proporcionar algo para alguém.

Termino este capítulo com um dos segredos que aprendi ainda criança e que vem se confirmando a cada fase da minha vida: o que importa é o coração. É ele quem deve comandar nossa vida, com o suporte do racional. Tome decisões pelo coração, com as melhores intenções, ouça sua intuição sempre! Não ignorar minha intuição — a voz suave do meu coração — me tornou a pessoa que hoje sou, me ajudou a fazer escolhas, a construir uma linda família, a ter bons amigos, a buscar meus objetivos, sem esquecer o coletivo. Uma pessoa grata pela vida e que sabe que está sempre aprendendo. A Vida é realmente uma escola!

CAPÍTULO 10

E A VIDA SE RENOVA...

"Uma pessoa que consegue brilhar nas sombras consegue ser feliz em qualquer lugar, em qualquer circunstância."

Daisaku Ikeda

Como diz meu pai, “nada como um dia depois do outro”. Tudo se resolve de alguma forma. A vida seguiu, desatando os nós. Eu fui promovida, o meu esposo estava feliz, trabalhando, e meus pais conseguiram quitar a casa. A nossa casa de Atibaia seguia à venda e quase não íamos mais para lá. Parece que a energia que havíamos depositado já não existia, cada vez tinha menos significado em nossa vida, estávamos no momento de realmente recomeçar.

Um dia, nosso vizinho e amigo de Atibaia se interessou em comprar o imóvel para o filho. Ele ofereceu uma permuta parcial com uma pequena cobertura na Praia Grande e mais uma quantia. Nem pensamos, vendemos com muita gratidão por tudo que acontecera naquela casa e pelo comprador que agora poderia usufruir dela. Gostamos do apartamento na praia, que ficava em um prédio novinho, tinha piscina, churrasqueira e possibilidade de novas vivências.

Muitas vezes saímos da loja no sábado e íamos direto para a praia. Desde criança, sempre gostei de ir à praia, de fazer uma farofa — como dizem! Compramos bicicletas para dar umas boas pedaladas no calçadão, que está muito mais bonito e arborizado comparado com a época das excursões de bate e volta. O grande problema permanece sendo a segurança, pois muitas vezes presenciamos assaltos no calçadão ou olhando pela varanda do apartamento. Isso foi tirando nossa alegria de ir para lá. Eu morria de medo de deixar meus filhos irem caminhar ou andar de bicicleta. Quando aceitamos o apartamento, pensamos que meus pais poderiam querer morar lá, mas, com essa situação, eles também tinham medo.

Seguimos trabalhando muito entre empresas e loja, ainda abrimos um salão de cabeleireiro no andar de cima da loja para ampliar o serviço de manicure e depilação, para oferecer um serviço completo. Os horários ficaram ainda mais desafiadores, porque, se uma cliente chegasse mais tarde para arrumar o cabelo, ainda tínhamos que ficar até tarde esperando a última pessoa sair do salão. E, no dia seguinte, tínhamos de estar cedo nas empresas onde trabalhávamos.

Aquilo não estava certo! Um dia acordei dizendo que deveríamos passar o ponto ou vender tudo aquilo! O que estávamos fazendo de nossas vidas? Estávamos trabalhando tanto e não tínhamos tempo de viver e ficar com nossos filhos, somente trabalhávamos. Tentamos passar o ponto, mas não deu muito certo, a pessoa devolveu depois de pagar a entrada. Acabamos fechando e desligando a antiga babá, que estava como uma gerente da loja, porque queríamos uma vida mais leve, mais saudável.

Nessa época, a antiga babá se apaixonou pelo meu irmão, casaram-se, e ela passou a ser minha cunhada, minha irmã caçula de coração. Minha filha amou, porque tem um carinho muito grande por ela. Ela e meu irmão caçula nos ajudaram muito em diferentes momentos de nossa caminhada. Importante ressaltar que, quando mudamos para a casa, minha mãe me ajudava a cuidar da casa e da loja, e nossa funcionária, que passou ser nossa cunhada, morava no fundo da casa e trabalhava na loja. Nos finais de semana, eu tinha todas as tarefas acumuladas de uma dona de casa e começava a semana cansada em plena segunda-feira. Eu sei que muitas mulheres têm essa rotina e hoje sei bem os desafios que passam para sobreviver e dar conta de tudo, nada como se colocar no lugar do outro.

Terminar aquele ciclo da loja e do salão de beleza foi libertador para todos nós. Tampouco frequentávamos mais o Centro Espírita e sentíamos que tínhamos que buscar outra religião para nossos filhos. Nosso filho, nessa época, começou a dizer que era ateu, algo havia mudado, ele questionava tudo. Adolescência. E eu não gostaria que nossa filha fosse pelo mesmo caminho. Desejava que tivesse uma religião e entendesse o quanto era importante a oração.

Uma colega de trabalho evangélica comentou do trabalho que faziam com crianças e adolescentes e sugeriu que fôssemos qualquer dia conhecer a igreja batista. Confesso que tinha preconceito com evangélicos, mas ela garantiu que iríamos gostar muito. Naquele momento eu me sentia sem direção e tinha um vazio no coração. Resolvi conhecer e amei a igreja. Fiquei muito impressionada com a IBAB, Igreja Batista da Água Branca, com a sabedoria do pastor.

Eu me encontrei lá, junto com a minha filha, que via várias amigas do colégio nas salas dedicadas às crianças. Meu filho parecia ir apenas por não ter coragem de se posicionar, e acho que meu marido se sentia bem lá também. Neste ponto, concordo com a minha mãe, devemos incentivar nossos filhos desde pequenos a ter uma religião, e eu mesma passei a vida buscando o meu caminho espiritual, sinto que fui evoluindo para encontrar o meu verdadeiro EU.

Sempre fui católica e desde criança meus pais nos incentivaram a seguir uma religião. Casamo-nos na igreja católica, depois frequentamos um centro espírita kardecista, passamos várias vezes por uma benzedeira, que me garantia que eu era uma médium e deveria me desenvolver (mas sempre tive medo disso!). Eu me sentia como uma esponja, absorvendo as energias de todos os lugares por onde passava, seja na rua, no supermercado, no trabalho. Ficava muito mal! Quando ela morreu, sua filha foi franca: "Caso você queira desenvolver, estamos aqui para te apoiar, mas, se tem medo, melhor nem começar", disse. Assim eu fiz.

Pensei que poderia encontrar uma religião para nos preencher e nos ensinar a viver, porque era isso que precisava. Continuamos a frequentar a igreja evangélica e um dia fomos apresentados a um pastor profeta, que fez uma oração fortíssima em nossa casa e garantiu que em breve surgiria uma nova religião em minha vida.

Seguimos frequentando a IBAB, inclusive nos matriculamos nos encontros de casais, que foram incríveis. Sinto que todos os casais deveriam passar por aulas preparadas por casais mais experientes com tanto amor e carinho para entender melhor a dinâmica do casamento. Tenho certeza de que não se separariam, pois aprenderiam a importância de respeitar o outro, de tentar entender e de fazer concessões. Somos muito gratos por todo o aprendizado que tivemos e que nos ajudou a resgatar muitas coisas do casamento que haviam ficado para trás diante dos problemas que havíamos passado.

Nosso filho finalmente completou 15 anos. Nessa nova fase de equilíbrio financeiro, fizemos um acolhedor almoço de crepe em casa, chamamos alguns amigos, os avós e os padrinhos. Foi muito simples, mas de coração. Meu sonho era levá-lo para os Estados Unidos, ele nunca tinha ido. Eu já havia feito muitas viagens internacionais, mas sempre a trabalho, não férias, mas sou muita grata por isso, pois conheço vários lugares e aprendi muito, nunca me senti sozinha, pelo contrário, muito bem acompanhada de meus mentores, anjos protetores, como quiser chamar.

Quando recebi meu 13º salário daquele ano, eu tomei uma decisão praticamente sozinha. Ouvindo apenas o meu coração (sorte que meu marido concordou) decidi que íamos para a Disney no próximo ano. Tiramos os passaportes, falei com uma prima que tinha uma agência de turismo e compramos as passagens para setembro.

Esta viagem familiar foi para comemorar o aniversário de 15 anos do nosso filho e os 6 anos da nossa filha, foi um momento de merecimento depois de tantas dificuldades superadas. Foi uma das viagens mais felizes e emocionantes da minha vida, poder proporcionar essa experiência de vida para meus filhos, estar com a minha família tão amada. Eu me emocionava o tempo todo! A minha felicidade era ver eles felizes. Toda hora ficava perguntando se eles estavam apreciando o que estavam achando, me sentia sonhando.

Nosso hotel era fora da Disney (para baratear as despesas) e alugamos uma van com espaço para malas e compras. Nosso filho assumiu como copiloto e visitamos os principais parques da Disney e Universal, ficamos uma semana em Orlando e depois fomos para Miami, onde fica a sede da Viacom. Foi muito legal apresentar a Lincoln Road e depois apresentar minha família para meu então chefe e companheiros de trabalho. Tudo isso ao som do Queen, que foi o CD comprado na viagem; toda vez que ouvimos as músicas dele nos remetemos aos momentos inesquecíveis dessa viagem.

Jantamos com uma amiga muito especial no melhor restaurante peruano de Miami. Ela é super fã de futebol e deu para meu filho um poster do Barcelona autografado pelo melhor jogador da época, está enquadrado no quarto dele. Meu filho é vidrado em esportes, eu admiro muito o conhecimento que tem de vários esportes, penso que poderia ser um grande comentarista ou jornalista esportivo, de tanto que ele conhece.

Tivemos o privilégio de assistir a uma grande partida de futebol em um estádio maravilhoso a alguns quilômetros de onde estávamos hospedados, que experiência incrível. Mais um dos grandes presentes do Universo! Nada como uma viagem assim para esquecer os momentos difíceis e lembrar que tudo passa e devemos desfrutar o lado bom da vida.

Voltamos para casa, prontos para iniciar mais um capítulo de nossas vidas. Em uma das viagens de final de semana nublado, acordei decidida a vender o apartamento da praia e comprar uma chácara, perto da antiga. Meu marido não se espantou porque sabe que, quando eu cismo com algo, vou até o fim para conseguir. Meus pais e meu filho acharam ótimo, apenas a minha filha não gostou muito da ideia, mas era muito pequena para nos convencer a mudar de ideia.

A primeira pergunta do meu marido foi como eu pretendia comprar essa propriedade, pois não tínhamos dinheiro. Eu disse que íamos financiar... e pude ler pensamento dele, mas não falei nada. Na mesma hora, abri o computador e comecei a procurar chácaras na região de Atibaia e percebi que os preços eram altos. Então, passei para Jarinu, que era mais barato, e fui logo agendando visitas com um corretor para o final de semana seguinte.

Estava realmente decidida e, no sábado seguinte, fomos nós para Jarinu, quase a família toda. O meu filho em casa, não gosta de ver imóveis. Passamos o dia vendo chácaras, muitas terríveis e algumas legais, mas sem documentação para financiar. Nós tínhamos duas exigências: o imóvel tinha que ser financiado e o apartamento da Praia Grande entraria como parte de pagamento.

Meu marido achava que era impossível e os corretores também. Eu dizia que tentar não era proibido. No final do dia, quase escuro, bem cansados de tanto rodar para lá e para cá, fomos visitar uma casa que tinha documentação, mas o corretor dizia que a dona era muito complicada. Quando chegamos ao portão da chácara, fiquei impressionada com a vista, o gramado impecável e o tamanho do imóvel.

Eu me apaixonei completamente. Minha mãe olhou e falou: "Filha, isso não é para nós, você é doida!" Eu respondi: "Sou mesmo, mas nada é impossível quando estamos determinados. Acredito que o universo sempre conspira a favor". Tivemos que voltar no outro dia para visitar, meu marido ficou encantado com o local e a favor do negócio.

Na mesma noite enviamos uma proposta. Colocamos o apartamento como metade do pagamento e a outra metade seria financiada. Depois de alguns dias, a dona visitou nosso apartamento na praia e, no final de semana seguinte, estávamos assinando o contrato de compra e venda, passando a posse do apartamento e recebendo a posse da chácara.

Como a casa estava vazia, os móveis do apartamento ficaram conosco. Isso tudo aconteceu no final do ano. Deixamos tudo e fomos todos viajar para o Nordeste: meus pais, meus filhos, meu irmão e minha cunhada. Foi incrível poder ir novamente para Natal e rever nossas origens. Quando retornamos, organizamos tudo na chácara, ficou lindo!

Naquela fase, meu pai teve um infarto, mas graças a Deus superou, mais uma graça que recebemos. Quando cheguei ao hospital ele estava gelado e assustado. Eu disse: pai você vai sair desta em nome de Jesus. Minha mãe e meu irmão do meio estavam desesperados e foram para casa, o medo era muito grande para ficar no hospital.

Meu pai tinha que passar por um procedimento na urgência e a médica me disse: "Estamos fazendo o que podemos". Advinha o que permaneci fazendo? Orando, junto com meu outro irmão, enquanto esperava o resultado do tal procedimento, que depois descobri que era um stent. Que desespero! Mas deu tudo certo e, quando meu pai saiu da sala cirúrgica, já estava contando piadas para o médico, nossa, que alívio.

Na mesma semana, minha mãe foi internada para fazer outro procedimento cardiológico. Parece que tudo vem em ondas, mas felizmente tudo passa. Depois disso meus pais resolveram mudar para Jarinu, reformamos a casa do caseiro. Conseguimos financiar a chácara e pagar em dois anos e meio. Que maravilha!!! Eu penso que, sempre que fazemos algo pensando em beneficiar outras pessoas, os caminhos se abrem, a vida nos abençoa, isto é, prosperidade. No budismo falamos em boa sorte e que o que importa é o coração.

Como meus pais haviam se mudado para Jarinu, minha filha passou a ficar o dia todo na escola. Eu confesso que ficava muito triste em deixá-la todos os dias na escola. Ela era a primeira a sair de casa e a última a chegar, quase sempre dormindo e sem jantar. Aquilo me cortava o coração e mais uma vez tive uma intuição de mudar. Voltar para um apartamento, para ficar mais fácil com minha filha e evitar a trabalheira com o quintal. Assim estaríamos mais próximos do trabalho, das escolas e dos amigos.

Desta vez, ficamos mais de um ano e meio procurando um apartamento e tendo como desafio vender a casa. Um sábado, ao subir correndo a escada da casa, tropecei entre um degrau e o outro. Eu me machuquei feio e foi desesperador aguardar a chegada do meu marido para me levar ao pronto socorro e tomar a injeção para passar a dor no hospital. Quebrei três dedos e rompi um ligamento do pé esquerdo. Quando o médico revisou os exames, me deu a notícia de que deveria passar por uma cirurgia o mais rápido possível e teria de ficar afastada do trabalho por um mês.

Que loucura! Parece que estou sempre sendo parada pela vida! Mesmo assim, fiquei trabalhando de casa. Uma das gerentes que trabalhava na minha equipe também tinha machucado um dos pés e estava de molho. Apesar dos imprevistos, fechamos belos negócios. Mas, depois desse tombo, eu sentia que não tínhamos mais de estar naquela casa. Quando tive de subir e descer escadas sentada para ir ao médico toda semana, consegui dar mais valor a cada dedinho do meu pé, a cada membro do meu corpo. Foi o meu limite e do meu santo marido, que me acompanhou nesta maratona.

Mais uma vez nossas preces foram atendidas mais rápido do que esperava, uma das pessoas que visitara a casa fez uma proposta de compra. Ligamos para um corretor conhecido explicando a urgência de achar um imóvel e a impossibilidade de fazer visitas (por conta do meu pé). Pedimos a localização, as fotos e dissemos que só visitaríamos se fosse um apartamento que estivesse em nossas condições. Assim aconteceu. Visitamos à noite o apartamento sem luz, e eu estava em uma cadeira de rodas.

Assim sempre foi minha vida, como a de muitas e muitas pessoas! Sempre conquistei as coisas, mas com muita luta. No final deu tudo certo: vendemos a casa e nos mudamos em menos de 20 dias. Eu seguia com o pé imobilizado, mas feliz de ter saído da casa e estar em um apartamento, onde não tinha mais escada, quintal para limpar e meus filhos estavam mais perto da escola, sem contar que estava próximo do escritório onde trabalhava, na Francisco Matarazzo.

Eu morria de medo de não andar mais e tinha uma viagem superimportante para fazer, inclusive com a minha gerente que estava com problemas nos pés. Foi engraçado, mas nós duas estávamos no aeroporto de cadeiras de rodas para entrar no avião. Isso porque as distâncias a serem percorridas eram muito grandes e nossos pés inchavam muito. No final deu tudo certo, estávamos andando melhor. Mas talvez tenha sido um sinal do Universo de que estávamos as duas fora do ritmo saudável, muito aceleradas...

Nosso filho estava terminando o ensino médio e tivemos a formatura dele. Que emoção ver um filho se formando no ensino médio. Ele é muito responsável e sinto que exigi muito dele, ser muito responsável, ajudar com a irmã e dar valor aos centavos que pagávamos à escola. Reproduzi meu modelo familiar e fui um pouco repressora, talvez autoritária em alguns momentos. Sinto muito pelos meus equívocos! Se eu tivesse pensado melhor, teria colocado ele em uma terapia, mas não tinha a consciência que tenho atualmente.

Nunca fui chamada à escola e quase não aparecia nas reuniões, estava sempre viajando ou cheia de reuniões e projetos. Uma vez, entretanto, no segundo ano do ensino médio, a coordenadora me chamou. Eu gelei e perguntei logo para meu filho: O que aconteceu? Qual era a surpresa? Ele me disse que não estava entregando as lições de casa, pois suas notas eram altas e as lições não acrescentavam nada à nota.

Lá fomos nós para a escola, meu marido e eu. A coordenadora nos informou que ele não estava fazendo as lições. Eu expliquei o que ele havia comentado, ela imprimiu um gráfico das notas que provava que ele estava entre os melhores alunos da sala. Eu perguntei: "O que fazer para este caso? Como podemos motivá-lo a fazer as lições?" Ela parou para pensar e respondeu: "Vamos convidá-lo a participar da monitoria e a dar aula particular para alunos que precisam de reforço". A estratégia funcionou e ele até ganhou uma graninha. Sempre tivemos orgulho de nosso filho, tão lindo e inteligente. Às vezes me pergunto de onde vem tanta inteligência.

No meio de tudo isso, soubemos que uma amiga havia se separado do marido e partido para a Itália em busca de seus sonhos. Quando já estava instalada, ela me avisou que estava morando e trabalhando em um homestay em Roma. Fiquei enlouquecida para ir, mas nosso filho não queria, pois estava estudando muito para o vestibular e temia ficar fora durante o Natal e o Ano Novo.

Nós nunca tínhamos viajado para a Europa de férias, todos juntos. Minha amiga recomendou que fôssemos porque o preço estava baixo, era época de festas natalinas e ela estava se sentindo sozinha. Mais uma vez, desafiamos nossas finanças e fechamos as passagens e a hospedagem. Levamos uma pequena reserva para usar lá, os gastos seriam apenas com a alimentação. Já tínhamos avisado nossos filhos.

Chegamos lá em pleno Natal e perdemos as malas pelo caminho. Nossa amiga estava nos esperando na porta. Eu amo esta minha amiga, pena que estamos um pouco distantes. Ela mora no lado esquerdo do peito, uma pessoa sorridente, linda, com um humor contagiante e muito corajosa.

O elevador era aqueles bem antigos, a porta era toda de ferro e era muito pequeno (só cabiam três pessoas). Era tudo muito divertido. O apartamento era super lindo, bem decorado e eficiente, o dormitório e o toalete eram perfeitos para quatro pessoas. Estávamos nos sentindo em nossa casa, no céu e sem nossas roupas!

Tomamos um belo banho e trocamos uma peça ou outra que tínhamos na mochila e na mala de mão, ou emprestada por nossa amiga. Ela havia preparado uma ceia bem diferente: bruscheta de entrada com salada caprese, um salmão e, de sobremesa, o tradicional tiramissu. Tudo estava uma delícia. Como ela mesma sempre fala, a comida na Itália tem outro sabor! Curtimos nossa ceia, trocamos lembrancinhas, ligamos para o Brasil e fomos dormir, deixando a questão das malas para o dia seguinte.

Amanhecemos com um belo e farto café da manhã, tudo simples e gostoso. Nossa amiga nos recomendou um restaurante onde ela ia trabalhar para almoçarmos no dia 25 de dezembro. Eu disse que poderíamos ir, mas que teria de negociar com o dono do restaurante um precinho especial para os amigos brasilianos. Não conseguimos retomar as malas, mas tivemos uma ajuda de custo da companhia até a chegada delas. O valor nos ajudaria a comprar algumas roupas, mas apenas no dia 26, quando as lojas estivessem abertas.

Fomos para o restaurante e o almoço foi maravilhoso. O italiano, dono do restaurante, era muito simpático e estávamos muito gratos mais uma vez por tudo o que a vida estava nos proporcionando. Voltamos caminhado para onde estávamos hospedados, passamos na sorveteria Romana e tomamos o melhor sorvete da nossa vida. Foram dias maravilhosos na Itália, fizemos milagres com o dinheiro e conseguimos até fazer algumas comprinhas não planejadas.

Meu filho e o Wilson quiseram conhecer todos os lugares citados nos livros de Dan Brown (*Anjos e Demônios*). Fomos também para Veneza e Nápoles, sofremos com o frio e a chuva, passeamos de gôndola e de trem (um sonho a limpeza dos trens e a beleza da paisagem, não há palavras para descrever!). Deixamos Roma sem ver o Papa, mas com gosto de quero mais. Foi mais uma viagem familiar inesquecível, um verdadeiro sonho.

Voltamos de Roma apaixonados pela Itália e pela Europa, tínhamos um sentimento de ter vivido lá, mas nosso filho estava muito preocupado com a segunda fase da Fuvest. Eu também tinha dúvidas se ele seria aprovado na Fuvest; mas ele estava determinado que tinha que estudar mecatrônica na POLI.

Por esforço e merecimento próprios e como resultado das preces de toda a família, foi aprovado. Os nossos amigos que nos apresentaram o budismo sempre enfatizam que, quanto mais praticamos a meditação budista, mais boa sorte acumulamos, e essa boa aventurança se estende para toda a família. Estamos tendo essa comprovação frequentemente.

Ele foi homenageado na escola, ganhou um iPhone e foi entrevistado como o único aluno do colégio que entrou na POLI. Quando perguntei o que ele iria dizer na entrevista, ele disse que não sabia, que nem havia estudado, apenas prestava atenção nas aulas.

Naquela noite jantamos no Ráscal, o restaurante preferido dele na época. Dessa vez, fomos nós — eu e o Wilson — os pais a receberem agradecimentos. Que felicidade!

Alguns meses antes de viajarmos para a Itália, meu marido havia saído da empresa onde trabalhava por conta de uma redução de custos. Na época, nosso filho, nos vendo preocupados, disse para não nos preocuparmos pois ele certamente entraria numa faculdade pública e não nos daria gastos. E foi isso o que aconteceu, no momento exato.

Nessa mesma fase, meu esposo foi convidado para ser responsável por um bloco do budismo e, em seguida, uma nova proposta de trabalho chegou. Mais uma vez pudemos observar como ter um propósito nos sintoniza com a lei do universo e atrai boas coisas para nossa vida, tudo está ligado, uma atitude pode mudar muita coisa em nossas vidas.

Por outro lado, eu estava passando por alguns desafios ou pequenas maldades na empresa (quem trabalha no mundo corporativo entende o que estou dizendo!). Além disso, eu tinha ficado responsável por implantar a operação da empresa na Argentina e por isso viajava muito.

Mesmo assim, decidimos viajar com a família novamente. Dessa vez fomos passar o Natal em Natal e o Ano Novo em Buenos Aires. Estava ansiosa para apresentar a eles os pontos turísticos, os restaurantes mais saborosos e, principalmente, os estúdios da TV em que eu permaneceria trabalhando. Essa viagem me deixou mais leve e disposta para o trabalho, mas não foi nada fácil me despedir da família, porque eu ficaria em território argentino por período não determinado.

Foi um desafio e tanto permanecer distante da minha família e dos meus pais, conhecer um novo mercado, contratar pessoas, ficar sem carro, ter que falar um novo idioma sem ter estudado muito e ainda fazer apresentações. Eu meditava diariamente e nos finais de semana eu dedicava algumas horas mais. Com tudo isso, estava feliz e agradecida de poder desfrutar, aprender sobre novas culturas, conhecer novas pessoas, que moram no meu coração, que me ajudaram a curtir muitos momentos alegres, ouviram meus lamentos e conquistas, me deram força e carinho.

Muitas vezes liguei para algumas amigas do budismo em São Paulo para receber umas palavras de força e fé. Para minha mãe, meu marido e meus filhos, liguei para chorar e matar saudades. Consegui participar de um bloco do budismo em Palermo, onde conheci verdadeiros amigos que me ajudaram a não desistir e voltar correndo para casa. Foi nessa fase que escrevi as primeiras linhas deste livro.

As tarefas foram cumpridas e os resultados alcançados, apesar da saudade constante. Chegou o momento de voltar para o Brasil, para a família, os amigos e os desafios de trabalho que também me esperavam aqui. Fui recebida com um lindo jantar e flores! Que delícia!

Durante o jantar meu esposo passou mal e no dia seguinte descobrimos que tivera uma tromboembolia pulmonar, tendo de ficar internado por 10 dias. Com sua boa sorte, ele rapidamente recuperou a saúde. Com isso, fiquei muitas semanas em São Paulo, antes de retomar as viagens. E logo tive uma grata surpresa:

fui promovida a vice-presidente de South and Central America por conta de todo aquele empenho.

Mais uma vez, a vida me mostrava na prática como a lei de causa e efeito está sempre em andamento. Através de nossas atitudes e de nossas orações estamos sempre lapidando o diamante que todos somos. Basta perseverar!

Em 5 de março de 2019 completamos 25 anos de casados, e, no dia 9 de março, celebramos com direito a um vestido de cor prata e com uma linda cerimônia japonesa na Liberdade. Nesse momento confirmamos nossos laços de afeto e nosso compromisso, com a filosofia budista que tantas mudanças têm trazido para nossas vidas. Para completar, comemoramos com uma festa com amigos e familiares. No outro dia, seguimos para nossa segunda lua de mel, um cruzeiro pelo Caribe, saindo de Miami, onde fizemos também muitas amizades duradouras.

O que mais me fascina hoje é ter amigos em todos os cantos do mundo, desde Japão até Chile. Amigos são realmente "coisa" para se guardar no fundo do coração, não importam a distância e o tempo. Desta viagem, voltamos ainda mais transformados e comprometidos a fazer diferença e contribuir para a melhoria de todos os que nos cercam, com mais foco em nossa prática budista e mais juntos que nunca. Com este livro meu desejo é de atingir muito mais pessoas, porque acredito que somente assim podemos tocar o coração das pessoas e fazer a diferença para termos um mundo melhor.

Juntos aprendemos — eu e o Wilson — que a vida é como uma pintura, que a cada pincelada pode mudar e ficar ainda mais harmoniosa.

CAPÍTULO 11

REVOLUÇÃO
HUMANA

"É inútil querer mudar as circunstâncias sem mudar a si próprio. Para se conquistar a felicidade e acumular boa sorte é preciso optar pelo caminho da revolução humana."

Daisaku Ikeda

Durante toda a minha vida, tenho me desafiado a evoluir, através de tentativas, erros e acertos, com o apoio das orações para aumentar minha fé e perseverança. Encarando a cada dia o que se apresenta e buscando me transformar na Angela que espero ser, uma versão melhor de mim mesma.

Convivendo com pessoas diferentes, com outras formas de pensar, histórias e crenças, tento sempre respeitar essas diferenças e lapidar minha forma de ver o mundo e, principalmente, meu caráter. Sem brigas e bate-bocas desnecessários, sem a necessidade de estar sempre com a razão. Aprendendo o que realmente é escutar e absorver.

2019 foi o ano em que mais fiquei fora da minha casa, viajando por toda a América Latina, foram cerca de 50 viagens a trabalho, desfrutando dessas culturas e ao mesmo tempo sentindo falta de casa. Tive inclusive o privilégio de comemorar o Dia dos Namorados em Nova Iorque com meu namorado amado. No final do ano, mais um presente conseguimos trocar as milhas por mais uma viagem para Punta Cana com toda a família. Demais! Seria demais estar com eles no período de festas depois de quase um ano de relacionamento praticamente por WhatsApp.

Foi nessa época que uma situação inusitada aconteceu. Estávamos prestes a viajar para o exterior e minha filha começou a falar e depois implorar, não queria ir mais para Punta Cana, queria permanecer em Laranjal (onde tínhamos estado). Não estávamos entendendo nada, pois ela estava super empolgada para viajar. Chegamos até levá-la em uma benzedeira muito querida, para entender o que estava passando e se era espiritual. Aos poucos ela foi acalmando, a benzedeira afastou um espírito que estava ali rodeando. Antes eu não acreditava nessas coisas, mas depois que estudei sobre espiritismo, entendo e respeito. Existem muitos mistérios entre o céu e a terra.

Minha filha saiu mais calma e leve, fomos para casa e, no outro dia, acordamos na madrugada, para ir ao aeroporto. No caminho, vi que as mãos da minha filha estavam suadas e geladas, pensei que estava com frio. Chegamos ao aeroporto, nos preparamos para embarcar e, quando estávamos na porta do avião, minha filha começou a tremer, a chorar e (gelada) dizia que não iria entrar no avião. Que situação! Preocupação, nervoso, vergonha e tristeza se misturavam!

As comissárias de bordo tentaram acalmá-la e entender o que estava passando. Ela começou a pedir perdão por não poder embarcar — tinha muito medo — e sugerir que fôssemos os três sem ela. Sem saber o que fazer, com o coração nas mãos, comecei a orar por ela, para que superasse essa situação de pânico. Acabamos seguindo para o ambulatório do aeroporto até ela se acalmar. O meu filho era a pessoa mais equilibrada naquele momento inesperado!

Então voltamos para casa e entramos em contato com a terapeuta que acompanhava minha filha desde os 7 anos de idade. Quando explicamos a situação, ela decidiu conversar com calma com minha filha, praticar algumas técnicas de respiração e dar uma medicação natural para ajudar. No final, nos deu seu diagnóstico: era uma super crise de ansiedade, nada mais!

O próximo voo era somente à noite do mesmo dia, por volta da uma da manhã. O dia passou rapidamente e mais uma vez estávamos nos organizando para embarcar. Dessa vez, despachamos as malas e fomos os últimos a entrar no avião. Ela embarcou calmamente de mão dada com o irmão, mas teve novo acesso de pânico. Apesar dessa viagem ser um sonho para mim, decidimos não viajar, já que ela não tinha condições de fazê-lo. Havia algo ali a ser entendido, a ser aprendido. Tínhamos de respeitar a situação e a nossa filha.

Em seguida decidimos fazer uma sessão de terapia juntas. Foi ali que eu tomei consciência de quanto eu estava ausente no dia a dia da minha filha e me recordei de uma discussão que tivemos que eu fiz alguns "dramas" que ninguém ligava para mim, que o avião poderia cair que ninguém iria se preocupar comigo. Naquele momento, minha filha me havia assegurado que ela se preocupava muito comigo, que me amava. Isso talvez tenha ficado na cabeça dela. Senti muita culpa, a cruz da vida estava muito pesada para todos nós naquele momento.

Decidi também levá-la ao pediatra, que confirmou o diagnóstico de crise de pânico e sugeriu uma psiquiatra especializada no tema e em adolescentes. Foi assim que começou o ano de 2020, que trouxe consigo o fantasma da pandemia mundial. Voltei a trabalhar preocupada com nossa filha e conversando com meu coração o tempo todo sobre o que fazer para me dedicar mais à família, para ter mais saúde e leveza. Estava muito abalada emocionalmente por tudo o que havia se passado nas últimas semanas.

Para minimizar o trauma da viagem, propus para minha filha fazer um cruzeiro no Carnaval e ela topou rapidamente.

Não sei quem ficou mais feliz, ela ou eu. Estávamos fazendo tudo para recuperar o sorriso e alegria da minha filha e a paz dentro de todos nós. Meu filho não quis ir porque já tinha compromisso com os amigos. Fomos eu e meu marido, ansioso por transformar o peso daquela situação na nossa mente e no nosso coração. A viagem foi demais e pudemos compensar um pouco do trauma que havíamos passado.

Visitamos também Punta del Este, Montevidéu e usufruímos da programação do navio. Pudemos desfrutar e fazer uma limpeza energética, tirando toda aquela negatividade que havia se alojado. Nada como um dia atrás do outro. Ainda pudemos jantar em Buenos Aires com a minha querida amiga Sol, que havia se casado recentemente. Foi um jantar espanhol, aconchegante e inesquecível. Chegando ao Brasil, recebemos a notícia do primeiro caso de COVID-19 e a maratona do medo e do isolamento começou!

Algumas semanas antes dessa viagem, soube que meu chefe estava deixando a empresa, o que me causou uma tristeza, porque gosto muito dele, tem uma família linda, um bom coração e ele sempre acreditou em mim. No meio do Carnaval, decidi conectar a Internet para me atualizar e fui surpreendida com a notícia de que eu estaria assumindo a vice-presidência da América Latina (incluindo o México). Nossa, me senti lisonjeada e muito feliz! Eu me sentia merecedora e preparada para estar nessa posição.

Após o Carnaval, minha vida começou a mudar mesmo! Depois de anos naquela empresa, eu ocupava um cargo muito importante naquela multinacional e precisaria me dedicar mais e mais, os desafios se acumulavam em termos de políticas, relacionamentos, contratações, metas, estratégias. Muitas exigências externas e outras tantas internas. Uma das mais importantes era alcançar fluência no inglês.

Eu estava disposta a aprender definitivamente a falar inglês e o RH da empresa me indicou uma escola diferenciada e um consultor muito experiente, que desde aquela época tem me apoiado no meu medo de me expressar em outra língua e na necessidade de ter um vocabulário amplo e conectado com minha área de atuação. Finalmente eu percebi que falar outro idioma está muito ligado a nossas emoções, crenças e história de vida.

Minha baixa autoestima e a história difícil de meus pais não permitiam que eu aprendesse a nova língua. Eu não me sentia digna de falar inglês! Incrível, não é mesmo? Inconscientemente, eu me sentia menor que as pessoas de meu convívio, formadas em escolas renomadas ou morando fora do país. Dentro do meu coração eu me perguntava como uma pessoa com a minha história podia chegar a uma posição assim e se dar bem. Eu duvidava de mim mesma, mesmo com meu coração garantindo que eu era merecedora de tudo, que não era egoísta e não fazia nada por interesses exclusivamente pessoais.

Diariamente, na frente do meu oratório, uma voz falava calmamente: "Você vai conseguir, já chegou até aqui, está mais comprometida agora". Apesar disso, o medo me travou muitas vezes, principalmente devido ao idioma, porque da minha competência e dedicação nunca duvidei. Nessa fase, fiz um curso de *coach* e sessões de Inteligência Emocional Bioflow, que me ajudaram muito a ficar mais consciente das minhas fortalezas e deficiências e trabalhar para minha melhoria como pessoa e profissional.

Como qualquer outro executivo de alto escalão, encontrei muitos desafios no novo cargo, desde falta de estrutura, dificuldade com outros idiomas até a competitividade do ambiente e, infelizmente, a deslealdade de alguns. A minha responsabilidade e dedicação à empresa tinham triplicado, precisava dedicar muitas horas para estudos e o tempo para a família se reduzira ao mínimo. Eu me sentia muito culpada por estar novamente me afastando dos meus entes queridos por conta do excesso de trabalho!

Nesse cenário de angústias e pressões, o *lockdown* chegou. Eu achava tudo aquilo um exagero político, o que mais se tem no Brasil e na América Latina. Quanto mais aprendo sobre nossa região, mais quero mudar este mundo, claro que começando comigo mesmo. Precisamos evoluir para que as pessoas sejam capazes de eleger melhores governantes, preocupados com o interesse, o bem-estar e a educação da população.

Os meus desafios se ampliaram com a pandemia, com o distanciamento da equipe, os fusos horários, o choque cultural ainda maior, a falta de contato físico, do olho no olho. Haja inteligência emocional! Com toda a minha experiência de vida, espiritualidade e terapias já feitas, eu acreditava que saberia lidar com o que se apresentasse na vida. Estava enganada! Tinha muito o que aprender ainda sobre os efeitos da minha história de vida, sobre os mecanismos mentais de autoboicote, a dificuldade de estar no coração, de viver com esperança e fé.

Conforme os meses foram passando, fui ficando deprimida, contaminada pela situação que o mundo estava vivendo, pela distância dos meus pais, pelas dificuldades de meus filhos de não poderem sair para estudar e ver amigos, pela falta de um apoio no trato da casa, pelas 18 horas que dedicava por dia para entregar o melhor de mim para o meu trabalho.

Começava a trabalhar muitas vezes no horário da Europa e terminava o dia no horário do México. Trocando de idioma de tempos em tempos, passando quase o dia todo em reunião. No horário que sobrava para estudar ou ficar com a família, eu me sentia desmotivada e esgotada. Cheguei muitas noites às 4 da manhã, acordando cedo para seguir com reuniões consecutivas a partir das 9.

Minha família pode comprovar tudo isso, inclusive meu pai estava passando mal com frequência. Eu me sentia acuada, sem poder fazer nada. Eu não podia acreditar no que estava acontecendo com todos nós e principalmente comigo! O que eu podia fazer de diferente?

Comecei a sentir que estava em um beco sem saída e decidi buscar alternativas para encontrar dentro de mim as respostas certas. A escrita de uma biografia, por exemplo, é muito curativa e poderosa! Ajuda-nos a relembrar ou entender tudo o que se passou em nossa vida. Este livro é parte e resultado desse meu aprendizado que vou compartilhar com vocês agora.

Fazer somente orações, da boca para fora, sem entrar em contato consigo mesmo não resolve, não promove qualquer mudança. Imagine que cheguei ao meu limite máximo um dia, quando a desesperança e a cegueira eram tantas que disse que gostaria de me matar. Toda vez que penso nisso, me entristeço muito ao perceber que precisei chegar a esse ponto para começar a sair do poço de desespero em que eu mesma me coloquei.

Com a graça de Deus, a luz foi surgindo aos poucos e minha disposição interna, mudando. Um sábado, durante a pandemia, acredito que um ano atrás, tinha acabado de fazer a faxina da semana junto com meu marido querido, parceiro de todas as horas. Parei uns minutinhos no sofá para respirar do cansaço e fuçando no Instagram encontrei um post da Camila Araújo, que parecia ter mudado de área e estava falando de uma terapia integrativa que nasceu do Renascimento e agrega técnicas de respiração, ressignificação e inteligência emocional.

Eu a conheci no meio profissional, junto com o marido, e imediatamente me conectei com eles, percebendo que estavam preocupados em fazer a diferença nas vidas das pessoas. Eu posso afirmar que procuro ver as pessoas pelo coração e pouco por palavras. Acredito que vejo as pessoas muito mais pelo lado espiritual. Existe um ditado que minha avó falava muito quando eu era criança: Quem vê cara não vê o coração! É isso mesmo!

Depois daquele post eu rapidamente comecei a agir, entrei em contato com ela no mesmo dia e já agendei a primeira sessão virtual. Como já falei anteriormente, eu nunca tive medo de enfrentar desafios, mas tudo aquilo que estava vivendo era muito doido e doído, não era mais possível viver daquele jeito, desconsolada e angustiada, mesmo tendo uma posição de destaque, uma casa e família maravilhosas, eu tinha mesmo que enfrentar minhas cicatrizes emocionais e crenças familiares para transformar meu roteiro de vida.

Recomendo esta terapia integrativa para todas as pessoas que estejam comprometidas a fazer mudanças significativas em suas vidas. Fiquei impressionada com tudo que descobri sobre mim mesma e como nossa respiração está ligada com nossa saúde, física, mental e espiritual. Eu até achava que já me conhecia, mas o método Bioflow me fez dar saltos quânticos no meu processo de autoconhecimento, encontrar minhas próprias sombras e conhecer os recursos que hoje tenho para fazer a minha revolução humana.

Eu acredito que enfrentar minhas limitações e crenças, identificar e respeitar minhas emoções, me ajuda a ver a vida de outra perspectiva, a resolver os problemas que se apresentam e a evoluir mais rápido do que ficar se escondendo atrás de mim mesma.

O método Bioflow me ajudou a me conectar conscientemente com as minhas emoções (aceitar que sinto raiva, tristeza e medo, por exemplo), a lidar com meus medos e feridas emocionais, a sair da rotina em busca de uma vida mais feliz e satisfatória. Há muito tempo busco o autoconhecimento, mas foi com esse trabalho que consegui realmente mudar padrões negativos e dar um passo significativo em direção às coisas que desejava fazer e não conseguia.

Comecei a terapia virtualmente e as primeiras sessões foram muito fortes e impactantes, revendo meu roteiro de vida e avaliando minhas principais crenças e minha mentira interior — aquela mensagem subliminar que vive nos colocando para baixo, nos dizendo que não somos capazes, que não merecemos ou algo semelhante. Conhecer-se melhor é maravilhoso, mas também é um processo dolorido, porque nos descobrimos sem máscaras. E o que fazer com o que descobrimos? Primeiro aceitar e respeitar e depois agir para transformar.

Cada sessão foi uma descoberta ou confirmação do que eu era ou tentava ser. As sessões de respiração foram transformadoras e fiquei chocada de quantas dores e situações negativas guardamos sem saber em nosso corpo durante a vida. As primeiras sessões de respiração foram difíceis e cansativas, mas quando terminavam eram esclarecedoras e aliviadoras.

Essas sessões, a meditação diária e uma terapeuta espiritual de quase 90 anos foram fundamentais para ultrapassar com sanidade os desafios do ano de 2020, com toda sua intensidade transformadora no campo físico, emocional e espiritual. No lado profissional atuaram também com duas *coaches*, uma brasileira e uma estrangeira, além daquele consultor em inglês já citado.

Estava cada vez mais estressada em casa e sofrendo um choque grande de cultura no trabalho. Sou uma mulher muito determinada, confesso que não gosto de ser contrariada quando tenho certeza, mas tenho humildade para pedir desculpas quando erro. Sempre respeitei e admirei meus chefes, mas nesse período mais recente tive dificuldades com um de meus superiores. Os motivos não vêm ao caso, tampouco quem estava com a razão ou não. O que importa é esse descompasso profissional foi a grande alavanca no meu processo de autoconhecimento.

Em busca de um caminho de mais equilíbrio, contei com a ajuda de muitas e muitas pessoas — verdadeiros anjos ou budas que apareceram na minha vida — e fiz a minha parte. Além das sessões de *coaching* e terapia, assisti a centenas de palestras no TED, de comunicação, liderança, empoderamento feminino e outros tantos temas. Fiz mapa astral, constelações familiares e pratiquei a técnica havaiana do Ho'ponopono em busca de entendimento e perdão. Ficava recitando com a boca e o coração: Sinto muito, me perdoe, te amo e sou grato.

Ho'oponopono é uma oração ou um mantra composto de quatro pequenas frases, que promete livrar o coração de mágoas e recordações infelizes, exaltando o perdão, o amor e a gratidão. Não é maravilhoso? Quantas pessoas passam a vida inteira sofrendo com suas feridas porque não aprenderam a perdoar e se perdoar? Sabe aqueles pensamentos de mágoas do passado, como aquela briga na família que até hoje impacta algumas de suas decisões? Ou, quem sabe, um trauma no trabalho ou uma grande desilusão com uma pessoa amiga?

Tudo o que vivemos de alguma forma fica gravado em nós. Por isso, seguindo os princípios da técnica do Ho'oponopono, é preciso que ocorra uma purificação capaz de encerrar a história e evitar repetições desastrosas. Assim, aquilo que antes gerava estresse, ressentimentos, medos e outras sensações negativas é neutralizado para que um novo estado de paz possa entrar e ocupar esse mesmo lugar, já purificado. Memórias antigas que nos prendem ao passado são liberadas para que a vida possa seguir, agora mais leve, livre e consciente da própria história.

O Ho'oponopono me ajudou muito e inclusive ensinei para meus pais. Pratiquei muito durante essa pandemia. Eu me coloco no lugar dos idosos de hoje, homens e mulheres, o que eles passaram e quantas crenças de seus ancestrais devem carregar em suas vidas? Quando meu pai esteve no hospital na UTI, fiz muitas vezes essa oração com minha mãe para que ela conseguisse perdoar tudo o que meu pai pudesse ter feito de mal durante a vida deles. Eu não sei por que tudo aquilo passou na minha cabeça, mas sempre respeito intuições.

Com tudo isso, aprendi que quem quer mudar tem que ter força de vontade, uma força que vem da oração e da alma. E que, quando começamos nossa revolução humana, tomamos ações focadas em nossa transformação, o Universo coloca as pessoas e situações certas em nossa vida para que possam ser nossos professores. Aprendi que eu não mudo ninguém, mas a minha mudança pode influenciar as mudanças das pessoas ao meu redor. Que eu realmente posso ser a mudança que quero ver no mundo.

A minha revolução humana (ou reforma íntima, como alguns chamam) está sendo transformadora para mim e para todos à minha volta, inclusive minha família. Hoje eu entendo por que o budismo diz que a evolução de uma pessoa implica a evolução de uma família, um estado, uma empresa e um país.

Certa vez, o presidente da SGI, Daisaku Ikeda, disse: "A revolução humana ocorre a partir do momento em que uma pessoa passa a visualizar além de seu mundo restrito, rotineiro e comum, e se esforça para realizar algo mais grandioso, profundo e abrangente". E mais: "O mundo jamais irá melhorar enquanto as pessoas — que são a força propulsora e o ímpeto por trás de todos os empreendimentos — forem egoístas e insensíveis. Nesse sentido, a revolução humana é a mais fundamental de todas as revoluções, e também a mais necessária para toda a humanidade".

No dicionário, encontramos como significados da palavra "revolução", entre outros: "ato ou efeito de revolver" (o que estava sereno); "modificação em qualquer ramo do pensamento humano, abandonando ideias e métodos tradicionais para adotar novas técnicas". Com isso, podemos entender que "revolução humana" indica uma transformação do ser humano, uma mudança interior da vida no nível mais fundamental do ser.

O objetivo da Soka Gakkai é a concretização da paz mundial para a felicidade de toda a humanidade. Mas, para que isso se torne realidade, é necessário que cada ser humano que a compõe se transforme interiormente, deixando de lado suas diferenças e seus preconceitos. Que eleve seu nível de vida, procurando se tornar útil à sociedade e contribuir para o bem-estar da comunidade.

Essa é a filosofia que encontrei na minha vida e sou muito feliz de ter tido esta grande boa sorte. Ter boa sorte é bem diferente de ter sorte. A boa sorte é criada. Somos nós que construímos nosso futuro. O futuro é construído a cada instante, a cada hora, a cada dia. Nós que nos preparamos para os imprevistos da vida. As oportunidades são infinitas, mas poucos se preparam para poder aproveitá-las. A boa sorte é uma questão de fé, de generosidade, de AMOR.

A "revolução humana" é uma busca diária, momento a momento. É vencer a si mesmo e às "suas" nossas fraquezas. Tornar seu "eu" melhor hoje que ontem, e melhor amanhã que hoje. No budismo de Nichiren Daishonin, cada instante é um desafio em que "não avançar é retroceder". O mais importante é ter coragem e desafiar as circunstâncias baseando-se na recitação do nosso mantra Nam Myo Horengue Kyo.

Nós somos facilmente influenciados pelos impulsos inerentes à vida, como os três venenos (avareza, ira e estupidez). Somos seres frágeis, comparáveis a pequeninos barcos num mar furioso, facilmente lançados de um lado para outro ou afundados pelas poderosas ondas do destino ou carma. Para nos proteger dessas forças ou impulsos, bem como das forças do destino, devemos nos comprometer com os princípios humanísticos.

Com tudo o que vivi, terminei 2020 melhor do que comecei, avançando na autoestima, no autoconhecimento, no amadurecimento espiritual. Encarei de frente o esgotamento mental (ou *burnout*) que sofri por conta de minha atitude *workaholic* e das dificuldades do trabalho, identificando suas causas em vez de recorrer a medicação. A verdade é que eu não estava feliz. Apesar de ter uma boa posição em uma empresa excelente, ter família, carro e dinheiro, pais vivos e com saúde relativa. Não tinha tempo para conversar com meus filhos, ter uma boa refeição, apreciar a vida.

No dia em que tive esse entendimento chorei muito, mas foi muito libertador. Fez muito bem respirar com mais profundidade e falar sobre o que eu realmente desejava para minha vida: minha família, minha saúde, minha paz. Daí tiramos um final de semana e fomos colocar nossos pés na água do ar, fazer uma limpeza mesmo, curar nossas tristezas e nossos equívocos. A natureza é um santo remédio!

Segui as orientações da minha terapeuta. Fiz 20 respirações conectadas, em que o ar entra e sai de forma circular, sem intervalo, alinhando minha energia com o que eu queria e não com o que não queria. Meditei bastante e entreguei minhas questões para o Universo. Já estávamos em dezembro, eu ia sair de férias, passar o Natal e o Ano Novo em Jarinu com meus familiares. Foram dias maravilhosos e consegui me reequilibrar!

Na volta ao trabalho, 15 dias depois, voltei a me sentir desconfortável. Era como se estivesse de alguma forma contrariando meu coração, minha vontade, na contramão da vida. O budismo me ensinou que existe em nossas profundezas uma entidade vasta e poderosa, o "grande eu" do Universo, ou a essência de Deus, para os cristãos e católicos. No budismo essa entidade é a natureza de buda, que podemos manifestar através de nossas ações.

Nem é necessário dizer que, vivendo no mundo real, como no nosso caso, ninguém é perfeito. Aqueles que realizam sua revolução humana tampouco alcançaram a perfeição. A revolução humana envolve uma clara consciência de nosso propósito na vida e esforços constantes para seguir no caminho da perfeição. A revolução humana não é um objetivo final a ser alcançado, mas uma mudança no curso, na direção de nossa vida.

É exatamente o que a COVID fez na minha vida. Quando voltei de férias, no início de 2021, sentia que estava indo na direção errada do meu propósito. O ambiente não estava me fazendo bem, me afastava de tudo o que desejava, deixava meu coração angustiado. Em uma das últimas reuniões, parecia que literalmente me faltava o ar! Eu me sentia distante, sem energia vital.

Um dia depois desta grande reunião, levantei muito mal e ainda tinha um jantar à noite na casa de uma prima querida, com todos os cuidados que a pandemia exigia. Depois do jantar, acabei indo para o hospital próximo da nossa casa de tanto mal-estar: era COVID.

Eu não podia acreditar! Pouco tinha saído e sempre de forma precavida. Achei que era baixa resistência por conta de um trabalho que não estava mais alinhado à pessoa que eu era. Eu estava contrariando meu coração, não desejava mais trabalhar ali, sentia que meu ciclo estava se encerrando. A COVID veio apenas para me fazer ficar em casa, refletir e orar muito, ter certeza da necessidade de buscar um novo caminho, de deixar aflorar o meu EU maior.

Aquele momento foi único: eu me vi arrasada por dentro não pela COVID mas pelo que estava fazendo da minha vida. Eu me imaginei em um caixão, olhando para o meu corpo e questionando o que eu tinha feito da minha existência, da minha família. Porque eu estava deixando morrer meu entusiasmo, minha alegria. Quando eu ia aprender a dar valor ao meu corpo, ao meu templo sagrado?

Caíram muitas fichas, como se eu tivesse uma segunda chance na vida. Para completar, como já contei, recebi uma avaliação como profissional e líder. Alguns *feedbacks* foram ótimos, outros apontavam tópicos que eu já estava trabalhando, mas o que me marcou profundamente foram alguns temas pessoais citados que não faziam sentido naquele documento. Estes pontos em particular mexeram muito com meu emocional e me fizeram enxergar que tudo aquilo já não fazia mais sentido na minha vida. Devemos estar sempre alertas aos sinais que a vida nos apresenta, enxergar com os olhos do coração.

Depois do diagnostico de COVID, caiu a ficha literalmente no meu coração, consciência e ao mesmo tempo um medo de morrer me fez transformar com muitas horas de meditação, diante do meu oratório, com a ajuda de amigas dos budistas, terapeutas e livros de auto ajuda. Sou profundamente grata a cada entendimento e aprendizado. O meu irmão do meio me ligava todos os dias e até me arranjou um kit de medicamentos. O principal foi que eu me comprometi comigo e com o universo que a COVID seria um renascimento para uma vida melhor e, ao superar aquilo, eu mudaria minha vida definitivamente, organizando uma rota em direção ao meu propósito.

Tudo isso que me aconteceu me deu a certeza de que deveria buscar um novo caminho, e minha família me apoiou neste sentido. Um dia, por sugestão da terapeuta, escrevi uma carta de despedida da companhia. Não enviei para ninguém, dirigi para o Universo. É possível também escrever cartas de complementação ou final de ciclo para pessoas que amamos, de que desgostamos ou que perdemos. É muito curativo e ajuda a processar as emoções.

Confesso que foi difícil escrever aquela carta para a empresa onde eu trabalhava há 12 anos. Havia muita emoção e expectativa envolvidas. Mas, depois que escrevi, o sentimento era de ter tirado um peso muito grande de minhas costas e do meu coração. A sensação era de alívio e de esperança pelo futuro que ainda viria. Alguns outros fatos aconteceram e, em março, resolvi me demitir. Que alegria, que liberdade!

De imediato, me preocupei apenas em ajudar meus pais com as bodas de ouro deles, no lugar que desejava: na praia. Aluguei uma casa na praia e fiquei uma semana com a minha família, também celebrando meus 27 anos de casada e o 81° aniversário do meu pai. Nesse processo, a vida me deu outro presente: uma excelente oportunidade de emprego em outra multinacional, com uma estrutura mais enxuta e um estilo de gestão diferente. Com uma cultura mais voltada para fazer negócios e trazer soluções.

Ao que tudo indica, consegui transformar minha vida de uma forma que posso viver mais leve, tranquila, com minha família, fazendo o que gosto e ainda focada no meu propósito de fazer a diferença onde eu estiver. Cada um de nós tem dentro de si a sabedoria necessária para direcionar seu coração para o bem, assim como para encher sua vida de bençãos e alegria.

Quando recito *Nam Myoho Rengue Kyo*, eu sinto a coragem do Rei Leão e a determinação para transformar a partir do meu coração o meu presente, passado, futuro. Eu posso ajudar conscientemente o Universo a conspirar ao meu favor, a me trazer proteção, entendimento e presentes valiosos de amor e entendimento.

No momento em que escrevo, estou fazendo algumas sessões de hipnose para trabalhar questões relacionadas ao passado e que ainda geram processos inconscientes de autossabotagem e medo do sucesso. A hipnose transpessoal estabelece mudanças gradativas, reconhecendo o passado como influência inconsciente sobre as relações consigo mesmo e com o mundo.

É um processo de acolhimento dos fatores emocionais como crenças, imagem, inseguranças, angústias, traumas, identidade, ansiedades. Mas tudo pode mudar a partir da nossa decisão.

Eu acredito que um longo caminho já foi percorrido com a ajuda da minha terapeuta de hipnose, Rosana Machado. E para completar fiz ainda uma constelação familiar, junto com minha mãe. Pudemos reconhecer a importância da nossa ancestralidade e liberar antigos carmas ou traumas, criando um ambiente melhor para uma vida mais tranquila e amorosa.

Quanto à escrita terapêutica, conheci a jornalista e terapeuta integrativa Regina Rebello no terceiro dia de COVID. Agradeço muito sua amizade, assim como o apoio editorial e terapêutico que ela me deu neste resgate da história da minha vida e na ressignificação dos fatos e das emoções.

Inicialmente fizemos uma reunião para definir a estrutura da obra e o que caberia em cada capítulo. A partir daí retomei a escrita, agora com apoio profissional. O objetivo era contar a minha história de forma bem honesta, destacando os aprendizados de cada etapa, de forma a contribuir com e incentivar o processo de autoconhecimento e mudança de outras pessoas.

Os primeiros capítulos (iniciados em Buenos Aires há anos) foram reescritos frente a essa nova perspectiva de obra e a pessoa que eu tinha me tornado. Eu não queria parar de escrever durante a licença médica da COVID, pois funcionava como uma expurgação, uma purificação dos acontecimentos e memórias da vida, dos bons e dos nem tanto. A cada dia eu me recordava de um novo pedacinho da vida, de uma alegria, de um desafio, de uma crença.

Era desafiador, pois, além das recordações — que sempre mexem com o emocional — eu tinha dores decorrentes devido à COVID. Mas senti que estava sendo intuída o tempo todo, não estava escrevendo sozinha. E, no final, os textos passavam pela leitura e por ajustes da Regina. Também conversávamos muito sobre as situações, as crenças e as emoções. Sobre como cada fato influenciava o presente e como os padrões de comportamento se repetem.

Foram momentos mágicos, de reencontro comigo mesma, em que me aproximei novamente da minha essência, que tinha sido deixada de lado por um bom tempo. Foi o retorno — agora de forma mais consciente — ao caminho da saúde física, emocional e espiritual. Nesse momento de turbulência causado pela COVID, eu tive coragem de me perguntar o que podia fazer para tornar minha realidade mais saudável e prazerosa.

Fica o convite para você fazer o mesmo. Dar uma parada na vida — com quarentena ou não — e ver qual o roteiro de vida que você está seguindo. Fazer-se algumas perguntas importantes. O que é possível aprender com a pandemia? O que você pode transformar ou ressignificar na sua vida? Que rumo poderia fazer você mais feliz, saudável e próspero?

Recorde–se: a vida é curta! Devemos viver intensamente, realizando nossos sonhos, realizando nossa revolução humana, a cada dia, através de acertos e erros. Interiormente, quem se preocupa em se transformar é totalmente diferente: mais paciente, resiliente, corajoso, otimista. Com o tempo, essas mudanças se tornam visíveis.

CAPÍTULO 12

CORAÇÃO +
ORAÇÃO +
AÇÃO

"A oração é a energia
da vida, permeando
todo o universo e
tornando-se força
motriz para mudança."

Daisaku Ikeda

Você já leu o script de um filme ou peça de teatro? Há um argumento ou aprendizado central, histórias que se interligam, intrigas paralelas e personagens que se conectam e desconectam, que se amam ou se desafiam. Existem os protagonistas e os coadjuvantes. Na vida acontece da mesma forma. Temos um roteiro interiorizado e às vezes inconsciente e podemos escolher entre ser o protagonista de nossas vidas ou a vítima, aquele que fica à mercê dos acontecimentos, julgando e culpando os outros pelo que acontece.

Como puderam ver no relato da minha vida, cresci em uma família muito simples, da classe baixa da população brasileira. Tinha tudo para repetir as atitudes e os pensamentos familiares ou ancestrais e obter resultados semelhantes. Mas meu coração e meus sonhos sempre foram grandes, assim como a vontade de melhorar, o impulso para seguir em frente e lutar por uma vida melhor para minha família e a comunidade à qual pertenço.

Desde criança tentei ouvir essa pequena voz do coração, seguir suas orientações, mesmo quando o ambiente e as pessoas sugeriam o oposto. Claro, não abandonei minha parte racional, apenas dei menos poder a ela. E isso muitas vezes fez toda a diferença. Deixei meu coração, minha alma se expressar e me dar a direção a seguir.

Como dizem, a vida é boa e ruim ao mesmo tempo. E a forma como lidamos com esses balanços entre o bom e o nem tanto determina nossa saúde, nossa alegria, nossa evolução. As dificuldades que enfrentamos — sejam afetivas, profissionais, físicas ou financeiras — são degraus que nos ensinam sobre como evoluir, sobre a importância de persistir, sobre a necessidade de se conectar consigo mesmo e com uma energia de força maior, seja o Universo ou Deus, como você quiser chamar.

Em minha vida, aprendi que para avançar é necessário inicialmente ouvir sua própria essência, seu coração, sua alma. Depois orar, seja de que forma for, com uma frase positiva que parece um decreto, um mantra indiano, uma oração cristã, budista, evangélica ou muçulmana. Pouco importa! As orações elevam nossas vibrações e nos conectam com as leis do Universo e deveriam se tornar um hábito para todos nós.

Eu não tenho dúvida de que todos nós nascemos para evoluir, temos um propósito de vida e a necessidade de fazer uma grande transformação interna. Esta revolução ou transformação interna se inicia quando escolhemos as condições em que viemos ao mundo: em que país nasceremos, quem serão nossos pais, como será nosso corpo, quais nossos talentos e fragilidades, quem serão os atores coadjuvantes, que desafios vamos enfrentar e que lições podemos aprender. Está quase tudo lá, de forma potencial, desde o início de nossas vidas.

Durante muito tempo resisti a formar novos hábitos em minha vida. Preferia deixar a vida correr, pois sentia que, quando eu programava algo, sempre dava errado. Aos poucos fui percebendo que temos um papel ativo na vida. Que, além de ouvir o coração, de rezar nossos mantras, temos de agir e isso se traduz em se reeducar, em criar hábitos de pensar, falar e agir mais saudáveis e talvez distantes do que nossa família e cultura nos ensinaram.

Hoje cuido muito bem do meu coração — esse GPS que recebemos antes de nascer e que sempre nos indica o caminho de mais aprendizado, de menor desgaste. Cuido do meu corpo físico, que acolheu esta alma que renasceu para melhorar, para aprender mais e mais. Peço a orientação divina em todos os momentos e a seguir parto para a ação, pois sei que somente assim alcançarei meus objetivos de vida, agora mais alinhados com o meu real propósito.

Apesar de ser avessa ao tema da morte, atualmente observo com respeito tudo o que ela vem nos ensinando através da pandemia, com a perda de entes queridos e de desconhecidos. Tenho trabalhado para me conhecer melhor e aumentar o amor por mim mesma.

Tenho consciência de que preciso mudar em muitos aspectos, desconstruir crenças limitantes, ressignificar memórias dolorosas e cuidar mais de mim, corpo, emoção, mente e espírito. Somente cuidando de mim mesma poderei ter saúde e longevidade para realizar tudo que pretendo não somente para mim, mas para os meus amados e por desconhecidos.

Nossas relações são verdadeiros laboratórios de transformação, os melhores lugares para que possamos enfrentar nossas tendências negativas e desenvolver as positivas. Nossa felicidade depende do modo como fomentamos a felicidade dos demais. Se desejamos ser felizes, devemos ouvir nosso "core" (coração), reformar nosso temperamento e alcançar mais sabedoria através da oração. Precisamos reformar as falsas verdades que equivocadamente acolhemos em nossas mentes e nossos corações.

Todos nós temos os 10 estados de vida descritos no budismo, dos mais baixos aos mais altos, e podemos sintonizar com qualquer um deles através de nossos pensamentos, palavras e ações. Como em um rádio, podemos mexer no botão e sintonizar uma música mais leve, mais harmoniosa. A oração entra aí como um instrumento de sintonização, de elevação da nossa vibração. Ela fortalece nossa energia vital e nos alinha com as leis que regem o Universo e com o fluxo da infinita prosperidade.

A oração nos encoraja a ter forças para não desistir de buscar caminhos e pessoas que nos ajudem, que sejam referências para nós. Assim não abriremos espaços para vícios, compulsão alimentar ou para deixar maldades entrar.

Quando melhoramos ou mudamos nosso estado interior, todo o nosso mundo se transforma. E, para essa alquimia interna ou revolução humana, a oração ou recitação de um mantra ou decreto positivo ajuda muito, pois nos coloca em um estado de mais harmonia e abertura para o novo, facilitando a mudança de crenças limitantes e nos dando a força interior necessária para superar nossas dificuldades, alcançar nossos objetivos pessoais e ajudar aos demais.

Se você — como eu — quer melhorar de vida, mude a si mesmo primeiro. Cada um de nós é responsável por suas fraquezas e seus talentos, por seu próprio desenvolvimento. Não devemos e nem podemos ter vergonha ou medo de nos enxergar com honestidade, de observar como realmente somos. Somente assim, quando enxergamos o que não gostamos em nós mesmos, podemos nos aceitar e tentar mudar o que for possível.

Todos estamos conectados através de nosso coração com a energia maior do Universo, que os cristãos chamam de Deus. Cada pessoa, em seu estado de evolução e de vibração, busca uma forma de conviver com a espiritualidade, e muitas delas encontram seus caminhos na religião. Faça a escolha que mais lhe convier, aquela que estiver mais próxima da pessoa que hoje é, não há um caminho melhor ou pior. Basta caminhar! Quando eu me renovo, o mundo se transforma, mais alegria, mais sorriso, mais gratidão.

Nenhuma pessoa é igual a ninguém, mas somos todos provenientes desta mesma energia maior que recebe nomes diferentes de grupos diversos de pessoas. Ao levantar-se, busque entrar em contato com esta energia maior, através de uma prece, um pensamento, uma meditação ou uma pequena atitude. O que tocar mais seu coração! Assim você sintonizará essa energia do bem e sua vida se transformará a cada dia.

Eu tenho o hábito de me conectar comigo mesma, de fazer orações, olhar para o céu e pedir com humildade: "Vida, me surpreenda". Ela tem me atendido. Também tenho trabalhado para elevar minha autoestima. Diariamente, coloco-me em frente ao espelho e lembro a mim mesma atributos positivos, como sou bonita, inteligente, saudável, alegre, agregadora.

O amor (ou Amor com letra maiúscula, quando nos referimos a essa força maior) sempre vence. Ele é o tempero da vida, e a oração, a receita para alcançar mais sabedoria e serenidade. Com harmonia, um lar gera filhos mais saudáveis e amorosos, um escritório garante profissionais mais produtivos e satisfeitos, uma comunidade produz cidadãos mais conscientes e colaborativos.

Para ter sucesso na vida, devemos acordar todos os dias com gratidão, fazer o que gostamos e dar sempre o melhor de nós. Se entregamos o melhor trabalho ou relação possível, teremos a melhor energia e as recompensas virão naturalmente, em forma de dinheiro ou afetos. O dinheiro em particular é uma energia e, quanto mais gratidão e respeito tivermos com ele, mais ele se multiplicará em nossas vidas.

Em minha vida, nunca tive dinheiro sobrando, mas nunca deixei de realizar nada, pois tinha coragem e boas intenções no coração, tinha certeza de que nossa prosperidade estaria sempre presente. Fazer bem ao meu próximo faz parte de minhas prioridades e, quando eu me dedico a promover a felicidade alheia, a vida se encarrega de retribuir abundantemente

Nenhuma pessoa é igual a ninguém, nosso talento se manifesta no trabalho que desenvolvemos para atingir pessoas. Nosso trabalho tem que ser prazeroso, gerando amor e alegria. Não se trata de apenas ganhar dinheiro, mas de se colocar a serviço e gerar felicidade em outras pessoas. Os que desejam transformar seu roteiro de vida têm de ter isso em mente, de enxergar mais longe, além de seus interesses imediatos, parar de querer ter vantagem sempre.

No budismo, como em outras linhas de conhecimento, aprendemos que é no AGORA que se está erguendo o futuro, mesmo que seja numa segunda-feira. O hoje, o presente, é o único tempo que existe. O trabalho é a forma que temos de levar conforto e alegria às pessoas ao nosso redor. Devemos, portanto, identificar o que as pessoas precisam nesse momento e dedicar-nos para fazer o nosso melhor para atender essa necessidade. Independentemente da natureza ou da situação do seu trabalho, perceber a importância do nosso trabalho, a possibilidade sempre presente de servir ao próximo. Busque o significado do seu trabalho, isso faz toda a diferença no dia a dia.

Pense no que pode oferecer de melhor e o que a sociedade precisa. Assim descobrirá o valor de suas ações e talentos e terá satisfação em colocá-los em ação. Quando fazemos algo com satisfação, nosso coração se enche de alegria e estamos criando valor, enquanto aproveitamos ao máximo cada instante da vida. Aprendi com os *coaches* que temos de nos conhecer, saber o que realmente queremos, identificar nossas forças pessoais e nossas fragilidades e focar em nossas experiências, pensando no que exatamente estamos dispostos a investir tempo e energia, o que ou quem nos serve de inspiração. Nessa autopesquisa, encontramos muitas respostas sobre nós mesmos.

Depois que conheci a filosofia budista, muitas ações que praticava se tornaram sem sentido e outras me abriram os olhos para minha própria sabedoria. Todos os dias temos a oportunidade de colocar em prática no mundo real o nosso melhor, de nos desenvolver e de realizar nossa revolução humana, na família, no trabalho, na comunidade. Com isso, podemos criar mais valor no lugar onde nos encontramos agora.

O primeiro passo para mudar uma realidade, um relacionamento ou emprego que não lhe agrada é observá-lo com honestidade. Enfrentar suas questões, sem fugir para outra época, outro local ou para um mundo imaginário. Quanto mais desafiadora for sua situação, maior é a oportunidade que tem para crescer e se desenvolver como ser humano. Por isso ame os desafios, eles são alavancas da sua evolução, do seu sucesso pessoal ou profissional.

Mesmo que esteja muito ocupado com sua família ou com muito trabalho, nunca deixe de criar alguns minutos para se conectar com sua oração, mesmo dois minutos. Essa sua firme determinação ativará as forças protetoras do Universo, os anjos, o Espírito Santo (não importa como queira chamar) e o ajudará a seguir em frente, a deixar florescer sua melhor versão. O pensador austríaco conde Richard Coudenhove-Kalergi, dizia que um verdadeiro passo de avanço vale mais que mil passos imaginados.

Ser feliz é ser capaz de criar valor para si e para os outros. É sentir-se útil. Para isso, não espere que as coisas aconteçam. É somente sua esta tarefa de dar corajosamente esse primeiro passo no local onde se encontra neste momento. Eu, por exemplo, com o budismo e a prática diária do *Nam myoho rengue kyo*, me tornei consciente do que estava me causando sofrimento; consegui transformar essa dor em um impulso para sair da situação e incentivar outras pessoas a fazerem o mesmo.

O que se apresentava como uma rotina chata — ficar isolada em casa com COVID — se transformou em uma parada para reflexão e mudança. Durante 15 dias, reavaliei erros e acertos recentes e decidi mudar o rumo da minha vida pessoal e profissional. Ressignificar através da terapia e da escrita memórias e crenças que não me serviam mais, buscar mais equilíbrio, colocar a família como prioridade e encontrar um ambiente de trabalho que permitisse essa nova configuração. Meditei, rezei e esperei. O Universo fez sua parte e me brindou com uma nova oportunidade de trabalho, mais leve e com mais perspectivas para o futuro.

Com toda a experiência alcançada até aqui, posso afirmar que ter equilíbrio é essencial para viver melhor, para ter mais vitalidade, ter uma mente saudável e ativa, um coração pleno de alegria e amor. Quando tentamos evidenciar nosso EU MAIOR todos os dias, por meio da oração, meditação ou outra prática de elevação vibracional, conseguimos dar valor e significado a todos os momentos de nossa vida, dos mais simples aos mais complexos. Vamos apreciar os tombos e o cansaço na subida da ladeira e saberemos quando parar e apreciar a paisagem, em vez de tropeçar nos degraus.

Muitas vezes, sem perceber, nos encontramos perdidos ou presos ao nosso EU Menor. Nesses momentos, pode ser necessário aumentar a oração e buscar ajuda, inclusive profissional, para voltar para o caminho, para um ciclo virtuoso de desenvolvimento do nosso EU MAIOR. Cada questão que surge passa a ser encarada de forma mais positiva e como apenas mais uma peça neste grande quebra-cabeças evolutivo que é a vida. Transformamos nossas feridas emocionais em feridas sagradas que nos impulsionam para a frente, nos fazem uma pessoa melhor e mais humana.

Coração, oração e ação. Colocando em prática estas três palavras eu transformei minha vida e continuo a transformá-la a cada novo dia. Eu convido você a fazer o mesmo. Junte-se a mim e vamos nos transformar. Espero em breve conhecer o seu relato de coração, a sua partilha de amor, a sua biografia revisitada com muito amor e gratidão!

CAPÍTULO 13

ATÉ ONDE A ORAÇÃO E AÇÃO PODEM ME LEVAR?

"Eu não vivo do que
vejo, eu vivo do
que creio."

E aqui estou eu, em uma terra distante, tentando praticar diariamente as Virtudes em meus relacionamentos e recitando o "Nam Myoho rengue Kyo", como aprendi há muitos anos. O que mudou nestes doze meses que me afastam do lançamento informal da 1ª edição deste livro – entre amigos, em plena Pandemia – e da mudança do Brasil para os Estados Unidos?

Vamos voltar ao início. No momento mais difícil da minha vida, resgatei o desejo que já existia no meu coração de escrever um livro, baseado em minha história de vida, de superação, amor e fé. Não para enaltecer o meu ego, destacar minhas conquistas e resiliência, mas para mostrar às pessoas que fazer tudo com o coração (amor), colocando a oração em ação, faz tudo se mover a nosso favor e para o bem de todos.

Nossas dificuldades são nossos alicerces e os maiores indutores de nosso crescimento em todos os âmbitos da vida. Quando está tudo bem, nos acomodamos e raramente saímos da nossa zona de conforto. Não nos preocupamos em buscar um sentido maior para a vida, a focar em nossa missão. Isso dá trabalho, exige dedicação, e muitas vezes não significa fazer o que se deseja, mas sim o que o Universo nos move a fazer, o que precisa ser feito.

Assim começou a nascer este livro, em meio a Pandemia mundial, Covid-19, quando escrevi por 15 dias mesmo sofrendo com os sintomas do Coronavírus e depois prossegui por mais 7 meses e meio. No início, eu me sentia sem muita energia por conta da doença, mas minha força vital foi aumentando a cada linha escrita. No todo, foram muitos finais de semana e investimentos dedicados ao projeto do livro – alguns não planejados. Segui minha intuição sem questionar, fazendo tudo que minha oração e coração indicavam.

Como viram, a obra se inicia com a história dos meus pais, em um lar de dificuldades (como os da grande maioria das pessoas), mas onde se valorizava o amor, a família, a oração e o trabalho árduo. Minha mãe se dedicava principalmente a evitar que seus filhos se desvirtuassem, se perdessem no caminho do mal. Com esse intuito, ela nos apresentou logo cedo a Deus (ou o Universo em algumas religiões que falam da mesma força que rege tudo e todos, mas nomeando de formas diferentes).

Creio que inconscientemente, desde o meu batismo, tento alinhar meu coração com essa Lei Maior que dá sentido à minha vida e através da qual consigo fazer coisas inesperadas e extraordinárias. Este livro é resultado da ação desta Força Maior através de mim. Sozinha eu não seria capaz de escrever, mas eu abri mão da minha razão e entreguei o projeto de escrita ao poder do Universo, Deus. Inclusive o amoroso lançamento da 1ª edição deste livro em tempos sanitariamente tão conturbados. E quando eu realmente me rendi, coloquei minha vida nas mãos d'Ele, eu pude comprovar sua força, através da mudança de rota que aconteceu em minha vida. Quando entregamos nossa vida para esta forca maior, tudo sai melhor que do que sonhamos, pois passamos a obedecer a Lei, os planos de Deus. No momento da entrega, ainda não sabemos o que pode acontecer, mas intuímos que Ele sabe. Só depende de nos entregarmos, de largarmos o desejo de controlar tudo, de se sintonizar com as orações, e de seguir as vozes do coração.

Foram ao todo 9 meses escrevendo, o tempo de uma gestação, até que o texto do livro ficasse pronto, com o apoio profissional da Regina, e então foi enviado para a diagramação, revisão e produção da capa. Esta obra de arte foi solicitada para uma amiga em Miami, com o coração de ouro, como demonstra graficamente a capa ou como diziam alguns primos quando eu era criança, tudo foi se encaixando, como um quebra-cabeça.

O dia do lançamento foi em 4 de agosto de 2021, meu aniversário de 50 anos, comemorado com muita gratidão pela vida. Um dos momentos mais felizes da minha vida, como se estivesse nascendo mais um filho. Foi um dia de retrospectiva da vida, de reconhecer que tudo que eu havia vivido tinha valor, todos os erros e acertos, com seus aprendizados.

Tudo foi preparado com imensa alegria e muito cuidado, mas estávamos no meio do lockdown. Comecei planejando um evento para 50 pessoas que se transformaram em mais de 80. Confesso que quando os amigos e familiares começaram a confirmar presença na festa, fiquei preocupada com a questão sanitária, mas orei e decidi entregar para o Universo, como eu aprendera a fazer.

Depois deste momento, quando me entreguei ao Universo, posso dizer que nasci novamente após os meus 50 anos de existência. E a partir de lá, tudo tem ficado mais leve, porque o que eu não posso resolver, eu simplesmente delego para que Deus, Universo, cuide de tudo. Eu faço a minha parte e peço que me ajude a cuidar do que não posso cuidar. Isso se chama confiar, dar uma prova da fé. Tudo será resolvido da melhor maneira, não necessariamente como eu ou você gostaríamos, mas como deve ser.

A primeira 1ª edição desta obra foi desenvolvida sem fins lucrativos, 100% dos livros impressos foram destinados para presentear e doar para familiares, amigos e desconhecidos que pudessem se beneficiar com a leitura desta publicação. Meu desejo era que minha história de vida — contada com humildade e muito amor — pudesse ajudar outras pessoas a transformarem seus roteiros de vida e sintonizar com a Lei Maior e com seu coração.

O livro foi escrito em português, revisado pela Regina (minha coach/terapeuta para a escrita) e contou com a leitura crítica de meus dois coachees profissionais – Cecilia e David, além do meu amado esposo que faz parte de toda a história. Após o lançamento em São Paulo, a obra foi adaptada para o espanhol por minha professora de Espanhol, Olga Mirtes e pelo Ross, para o inglês um dos meus professores que vive em Portugal.

Foram impressas 500 unidades, 300 em português, 100 em espanhol e 100 em inglês. Em 2022, tive que adicionar mais uma produção de 50 livros para distribuir em uma palestra realizada a pedido da Empresa DHL no Brasil, para um grupo de Mulheres que fazem a diferença no mundo. Foi uma experiência incrível!

A festa do meu aniversário e lançamento do livro aconteceu em uma noite de inverno bastante fria, mas com um calor humano impressionante. Senti a presença da minha ancestralidade e de uma energia espiritual muito forte para receber o livro e as pessoas que fizeram parte da minha história de 50 anos. Toda decoração remetia ao livro, o tom dourado se destacando na bonita área verde do restaurante. Estar com meus pais, minha família, meus amigos e todas as pessoas que fizeram a diferença na minha vida foi o maior presente que a vida pôde me dar naquela noite.

Eu estava muito emocionada, agradecida. Sentia que se a minha vida terminasse naquele dia, tudo estava realizado e plantado. Mas em pouquíssimo tempo, meu coração tornou a dizer que muita coisa ainda estava por vir. E estava mesmo!

Eu recordo ainda hoje de algumas mensagens que passei em meu discurso: do meu desejo que as pessoas fossem tocadas pelo livro, que transformassem algo em suas vidas e não tivessem dúvidas da Força Maior que elas têm dentro de si, da capacidade de mudar por meio do coração, da oração e da ação. E também que a minha vida estava nas mãos do Universo, que ele poderia me levar para onde eu deveria estar para cumprir melhor minha missão na terra. Naquele momento, eu não imaginava que eu estaria vivendo nos Estados Unidos em meu próximo aniversário.

Relembro com muito amor e gratidão, porque aquele dia especial só pôde ser vivido, depois de entregar a minha vida nas mãos do Universo e parar de tentar controlar tudo. Consigo ainda sentir a energia e o amor daquele evento tão importante, gostaria de voltar no tempo e viver tudo novamente, abraçar mais as pessoas que estavam na festa. Lembro direitinho do rosto de cada um e meus olhos se enchem de lágrimas. Um destes olhos foi o do meu paizinho (ele sorria com os olhos sempre!) posso imaginar sua alegria e o que ele pensava, "todo o sacrifício valeu a pena".

Foram muitas mudanças em pouco tempo: o livro foi lançado em agosto e em setembro já estávamos trabalhando com a papelada para o visto de transferência de País. Quando se fala em mudança de País parece tudo muito legal para quem está de fora. Até porque o sonho americano é o sonho de muitas pessoas como eu, mas quando tudo dá certo, mudar parece ser uma loucura. Como assim, você vai deixar seus pais idosos, seu filho, seus sogros, seus amigos, sua casa, sua vida em seu país para ir morar em um país desconhecido, para fazer o que exatamente? Eu e muitos que me cercavam perguntavam isso naquela época.

Inconformadas, algumas pessoas da família me diziam: "Mas você vai deixar tudo aqui? Tudo o que conquistou? E se o Wilson não for, você vai se separar? Não é justo, você ter que mudar e deixar seu filho sozinho, tudo isso por um trabalho?".

Eu ouvia tudo isso e dizia: "Vocês têm razão em tudo que estão pensando, revisando racionalmente, mas espiritualmente não! Quando temos um propósito, ouvimos nosso coração e entregamos nossa vida para o Condutor que nos trouxe para cá.

Muitos de vocês devem conhecer a história de Abraão, que a Bíblia conta: não somos nós que decidimos, é uma Força Maior que nos move e nos conecta com o propósito maior. Por isso estamos aqui". Poucos me levavam a sério.

Até meu casamento entrou em crise neste período, talvez porque inconscientemente meu esposo não imaginava que ia dar certo mesmo e muito menos meus filhos e pais. Mas quando você oficialmente entrega sua vida para Deus ou ao Universo completamente, tudo se move, se transforma e acontece da forma que tem de ser.

Durante o período de mudança para os Estados Unidos, muitos conflitos internos e externos começaram a me desafiar novamente, mas não baixei a cabeça, não desisti. Fui buscar mais uma vez terapias e apoio espiritual para me ajudar nos desafios. A oração estava presente todos os dias e eu me mantinha sintonizada e aberta aos sinais, pois sempre chega uma coincidência, uma música, um livro, uma palavra na hora certa para nos ajudar no processo.

Algumas dessas palavras foram recebidas na Igreja Lagoinha de São Paulo, agora chamada de Pura Fé, onde uma amiga me levou pela primeira vez. Ela percebeu que eu estava tentando entender o que estava se passando e achou que estar em um lugar sagrado seria benéfico.

Durante o culto, o pastor disse exatamente assim: "o que Deus uniu o homem não separa" e um pouco depois "quando entregamos nossa vida para Deus, ou para a Lei, você não questiona, você faz o que é solicitado e confia. O Todo Poderoso nos leva onde Ele quiser". Neste momento, lembrei da frase do meu discurso sobre entregar minha vida ao Universo.

As dificuldades e as crenças negativas estão sempre à espreita, mas quem está firmado no seu propósito, vai buscando respostas para entender o que está acontecendo e seguir sem medo, colocando a oração e a coragem em primeiro lugar. E assim foi, tudo aconteceu como deveria, alugamos um apartamento remotamente e quando chegamos o imóvel era igualzinho ao da foto.

Durante este período, tínhamos o tema da minha filha, da síndrome do pânico de avião, já citada no livro. Este medo deveria ser superado para que pudéssemos viajar e mais uma vez recorremos a orações, terapias, teste de voos para o Rio de Janeiro etc. As dificuldades foram superadas, com um forte apoio da terapeuta Rosana Machado, que até nos acompanhou no primeiro teste de voo. Sou muito grata, porque este primeiro teste não foi fácil e sem a presença dela poderíamos ter desistido.

Esta era uma das preocupações que não me deixava dormir quando o visto foi aprovado. Mas pude constatar que não existe medo que não pode ser superado e nem orações sem respostas. Este mérito foi 100% da minha filha e estou muito feliz com a sua transformação, o seu crescimento. Ela está super adaptada no novo local, parece até que nasceu aqui, fala inglês e espanhol fluentes e acaba de visitar uma amiga em Chicago, viajando sozinha de avião, com uma amiga.

A segunda maior preocupação era meus amados pais, já idosos. Foi muito difícil me despedir deles. Apesar de não ser um adeus, apenas uma despedida mais longa, pela idade deles eu me preocupava e em minhas orações pedia para proteção para eles e para que não fosse uma despedida definitiva.

O terceiro desafio era deixar meu filho sozinho no Brasil. Apesar de ser um adulto, o filho sempre é uma criança para seus pais. A minha sorte foi que ele estava começando a namorar e não estava tão sozinho assim, estava bem acompanhado. Antes de viajar, pedi para ele organizar um jantar com os pais da namorada para que pudéssemos nos conhecer e descobri que a mãe dela também era budista e meditava o "Nam Myoho Rengue Kyo", o que me deu mais segurança ainda. Percebi que meu filho estava bastante integrado na família da namorada e meu coração ficou em paz.

Embarcamos no dia 31 de dezembro de 2021 e começamos nossa nova vida em 2022 aqui em Miami. Quando chegamos tudo parecia um sonho e nos sentíamos de férias. O meu espírito de gratidão era constante aqui, viver perto do mar como atualmente vivemos sempre foi um sonho de criança. Meu novo objetivo era trazer meus pais para conhecer os Estados Unidos e antes de sair do Brasil, havia renovado seus passaportes e os vistos deveriam ser emitidos em abril de 2022.

O voo para Miami foi muito longo e permeado por uma mistura de sentimentos e preocupações. As despedidas foram difíceis e eu tinha um sentimento de estar abandonando todos, mas me lembrava que o desapego faz parte da vida e que havia a minha missão.

Também me preocupava com meu esposo, não sabia se ele estava fazendo esta mudança por mim, por nossa filha ou por nossa família? Mas e ele? E a família dele? Eu temia seu desapontamento e uma separação – todos temos o livre arbítrio – mas meu Coração recordava das palavras do padre: "o que Deus uniu o homem não separa". Tudo foi como Deus planejou. Estamos juntos até hoje.

A mesma amiga que me apresentou a Igreja Lagoinha em São Paulo, me informou que havia uma igreja nos Estados Unidos, em Miami. Quando ela me contou, eu disse que iria lá, mas dentro de mim eu afirmava, "eu sou budista, eu não vou na igreja Lagoinha. Inclusive eu já me conectei com budistas do bairro onde eu moro e pretendo participar de todas as reuniões".

Quando chegamos aqui, no entanto, era período de férias e as reuniões do budismo estavam paralisadas. Eu me senti sozinha e encontrava dificuldades até para abrir nosso oratório. Meu marido também estranhava muito a nova vida, mas minha filha estava feliz, apreciando e aprendendo muito.

Mudamos para o bairro onde moro porque a melhor escola de High School da Flórida estava localizada aqui e a primeira saída planejada era visitar a escola para matricular minha filha. Não queríamos que ela ficasse 6 meses sem estudar, já que o período escolar começava em setembro.

Depois de receber as chaves do apartamento e passar por uma longa entrevista de aprovação, mesmo depois de termos pago tudo antecipadamente, fomos para a escola com toda a documentação que trouxemos de São Paulo. Eu toda empolgada, imaginando minha filha circulando pelas salas de aula e pelo lindo campus. Para minha surpresa, ela entrou na escola e logo disse: "eu não quero estudar aqui". Não havíamos nem chegado na secretaria da escola.

Como eu, minha filha também tem algumas decisões que me assustam pela determinação. De toda forma, fomos até a secretaria e a senhora que nos atendeu informou que ela só poderia começar em setembro e sugeriu – como alternativa – buscar um curso para os seis meses ou outra escola em bairro mais afastado. Saí da escola um pouco decepcionada, mas minha filha feliz, pois algo mostrara que ali que não era o lugar dela.

Fomos para a outra escola, mas tivemos que voltar no dia seguinte às 7 horas da manhã. Ela pode se matricular naquela escola e gostou da energia do lugar. Entretanto, tinha que ser avaliada por seu boletim, por um teste e uma entrevista. Com a graça de Deus, Allah ou Buda, tudo deu tão certo que ela ainda ganhou 6 meses no calendário com as notas do Brasil mais o teste. Que alívio! Depois de tomar as vacinas exigidas pela escola, ela ingressou na metade do ano do High School. Que alegria! Alegria maior ainda é saber que ela agora está de férias, depois de 18 meses, super adaptada e aprovada para o último ano do High School. Gratidão + Gratidão.

Na outra semana, comecei a minha primeira semana trabalhando daqui. Realizando um sonho e grata por tudo que a vida estava me proporcionando, apesar da distância da família. Meu esposo, ainda se encontrando no novo estilo de vida e entendendo o que poderia fazer com o visto que chegou aqui. Logo chegou as suas conclusões e agora – além de trabalhar – está estudando novamente. Estamos felizes neste país, porque além de ser lindo onde moramos, nos desafiamos todos os dias como pessoas e como profissionais, buscando nossas melhores versões.

Os primeiros três meses foram fáceis e difíceis. Decidimos conhecer a Igreja Lagoinha de Miami e minha filha Maria Rita decidiu ir também. Que maravilha escutar o louvor e conversar com brasileiros que estavam de alguma forma na mesma situação de imigrantes. Nos sentimos em família e acolhidos. Fomos também às reuniões budistas muito parecidas com as do Brasil, mas em geral faladas em inglês e espanhol. Percebo algo diferente na conexão com meu Coração por conta dos idiomas, mas fomos muito bem recebidos. Em breve esses encontros passarão de virtuais para presenciais.

Em março de 2022, estava muito feliz pois iria a São Paulo para uma viagem de trabalho e poderia visitar meus pais. Inclusive meu pai estaria celebrando o aniversário de 51 anos de casado e seus 82 anos de vida. Minha felicidade era imensa de poder estar lá nesta data. Quando estava preparando as malas, no dia 6 de março, senti um aperto grande no peito e liguei para minha mãe. Ela estava no desespero, meu pai havia caído e naquele instante os enfermeiros do SAMU estavam examinando meu pai. Minha sobrinha colocou o celular para eu ver e participar da cena como se estivesse presente. Mais uma vez consegui dizer para o meu pai: “EU TE AMO, não vai, já estou chegando”. Minha mãe, transtornada com o acontecido, me contava como tinha acontecido a queda, e finalmente o médico do SAMU diagnosticou: foi um AVC.

Que situação, sem palavras para expressar o que eu sentia à distância. Eu chorava, eu orava e o meu Coração dizia: “Você sabia que isso poderia acontecer e você não estaria lá”. Mas eu estava embarcando para São Paulo, uma viagem muito longa e triste, onde eu orei e determinei que e que eu ia encontrar meu pai com vida e com a minha família. Meu irmão me buscou no aeroporto e fomos para o hospital em Atibaia, para onde o Pronto Socorro de Jarinu havia encaminhado meu pai. Como era muito arriscado ser transferido para outro hospital em São Paulo, meu pai fora examinado rapidamente e transferido para a UTI.

O caso dele era grave, ele nos reconhecia, ele chorava, mas perdera a capacidade de se comunicar. Meu pai tinha Parkinson e quando estava emocionado não conseguia se expressar. Esse nordestino forte estava lutando para viver, eu podia sentir isso. Em alguns dias, ele recebeu alta da UTI e foi para o quarto. Eu havia avisado a empresa de tudo que estava passando desde que embarquei no dia 6 de março. Não tinha como não focar neles pois em uma situação como essa, tudo perde valor e é necessário focar no mais importante, na vida.

Eu me recordo que meu pai tinha melhorado bem, tínhamos feito uma chamada com o médico e eu decidira ir rapidamente até São Paulo. Era uma sexta-feira e minha mãe decidira passar a noite no hospital, mas meu pai não passou bem e ela teve de acionar as enfermeiras várias vezes. Sábado pela manhã eu já estava lá cedinho, depois de tentar inutilmente trabalhar um pouco. Fiquei com meu pai e percebi que ele já não estava igual à chamada telefônica da sexta-feira, havia decaído de saúde. Comecei a orar, pedindo que o Senhor fizesse o melhor por ele, um pai e marido maravilhoso. Pedi que ele não tivesse medo. Logo em seguida, meu pai foi novamente transferido para a UTI, pois não estava nada bem.

Quando passou na maca, eu disse para ele: "Você está nos braços de Jesus, não tenha medo. Obrigada. Te amo". Sugeri para minha mãe dizer para ele o que sentia vontade também, pois eu sentia que estávamos nos despedindo. Quem já passou por situações assim, deve saber que não é fácil. Eu sentia muito por ele, mas também pela minha mãe, pois ele sempre fora o companheiro dela por mais de 51 anos. Queria tirar a dor dela de passar por tudo aquilo. Mas não era possível!

Meu pai ficou na UTI por quase 40 dias, quase a Quaresma toda. Meus irmãos, minha mãe e eu nos revezávamos nas visitas porque eram poucos minutos na hora do almoço e depois à noite. Os médicos não davam muita esperança, a cada dia que passava meu pai estava fisicamente presente, mas parecia não estar mais ali, os rins começaram a ser afetados e ele necessitava de hemodiálise. Fomos percebendo que a vida dele não seria muito fácil se saísse vivo do hospital.

Conversei com a minha mãe, meus irmãos e com os médicos sobre o estado de saúde dele, a falta de perspectiva do desenrolar do caso e minha necessidade de retornar aos Estados Unidos, de onde havia saído há algumas semanas. Ninguém podia prever o avanço do quadro clínico, o que poderia acontecer e quando. Tive de voltar para casa, com o coração na mão e a disposição de ajudar no que fosse possível, mesmo remotamente.

Durante este período, a irmã mais velha do meu pai, na casa de quem passei vários Natais, estava orando intensivamente por meu pai. Ela passou mal dois dias depois da minha viagem, foi internada e veio a falecer. Dá para acreditar? Toda a família preocupada com meu pai e minha tia se desligou deste plano rapidamente. Eu nem pude estar no velório e apoiar meus primos e toda a família. Uma voz falou no meu ouvido: "Ela foi ajudar seu pai na passagem dele". Assim eu entendi melhor o que havia acontecido.

Três dias depois, o médico que acompanhava meu pai na UTI me informou que nada mais havia a se fazer, que o caso do meu pai era muito delicado, ele não respondia às medicações e passaria para o tratamento paliativo. Eu não entendia a situação, ou não queira entender, mas decidi voltar rapidamente para o Brasil. Meu superior no trabalho compreendeu a situação e me liberou para a viagem, partimos eu e meu marido para Atibaia, novamente. Minha filha ficou em Miami, com o apoio de uma senhora que me ajuda nos serviços de casa.

Foi muito duro reencontrar meus pais nesta situação, tanta tristeza, dor e lágrimas. Difícil ver as pessoas que amamos sofrendo dessa forma e não poder fazer nada para tirar o sofrimento delas. Eu queria poder estar no hospital com meu pai todo o tempo, orar por ele até o último suspiro, mas tinha um determinado tempo que eu era autorizada a ficar lá. Todos os dias estivemos lá nos revezando, até o barbeiro que cuidava do meu pai foi cortar o cabelo e fazer a barba dele no hospital.

No final de semana, eu quase não dormi. Liguei para a minha amiga da Igreja Lagoinha e ela me convidou para ir à intercessão, quando algumas pessoas oram para preparar o ambiente para o culto que começa a seguir. Eu estava agoniada, não sei explicar o sentimento e tive crises de choro. Chegando na Igreja, fui acolhida e socorrida por pessoas muito amáveis e queridas. Elas fizeram uma roda e começaram a orar por mim. Sem eu dizer nada, eles me pediram para eu libertar meu pai, ajudá-lo em sua partida, começaram a falar em outras línguas, eu não entendia o que estava acontecendo, mas fui ficando mais calma e leve.

Quando terminou a oração, uma das pessoas me orientou a me despedir do meu pai, a agradecer por tudo o que ele foi para mim e para a minha família e falar para ele seguir a missão dele, agora do outro lado. Eu nunca imaginei viver para passar por aquela situação, mas entendi e pedi forças para passar por tudo que estava por vir.

Neste dia, não fiquei para o culto, fui para casa e depois ao hospital. Eu não sentia minhas pernas. Racionalmente eu tinha medo de subir para o quarto onde meu pai estava e percebi que minha mãe também sentia o mesmo. Pedi ajuda para a recepcionista do hospital para cuidar da minha mãe enquanto eu fui ver meu pai.

Então eu subi com meu primo e meu pai estava lá, com uma aparência mais abatida e frágil, não sei se reconheceu meu primo e as lágrimas desceram algumas vezes. Em determinado momento, fiquei à sós com ele. Peguei nas suas mãos, orei e agradeci por tudo e mais um pouco, disse que estava chegando o momento de nos separarmos de corpo, mas não em Espírito, porque sempre estaremos ligados em Amor.

Agradeci por tudo que me ensinou, pelos irmãos que me deu, pelo esposo que foi para minha mãe, pelo exemplo para todos nós. Disse que o honraria por toda a minha vida, dei um beijo em sua testa e o abençoei. Minha mãe chegou e tentou conversar também com ele, mas não conseguiu.

A partir daquele momento, tudo foi ficando mais leve para mim, pois eu já havia entregado meu pai para o mundo espiritual. Depois de alguns dias e algumas visitas familiares, os aparelhos foram desligados e aos poucos meu pai deixou seu corpo físico. Foi uma cena linda, quando o médico autorizou toda a família a estar no quarto com meu pai.

Ao entrar, eu já percebi que a cor do meu pai era outra, ele já estava mais fora do corpo. Formamos um círculo em volta da cama e eu fiquei nos pés com um livro de orações, abrindo espontaneamente na mensagem sobre o dom da vida e a alegria de ter uma família.

Neste momento, rezamos a oração do Pai Nosso, com o refrão "que seja feita a Vossa Vontade e não a nossa". Eu disse ao meu amado: "Pai, vai em Paz, vamos cuidar da mãe, sua missão aqui conosco terminou. Fique tranquilo". Ele abriu os olhos por uns instantes e as lágrimas desceram novamente. Eu beijei seus pés e sai do quarto, já não tinha mais o que pudesse fazer.

Em seguida, uma pessoa atrás da outra, foi se despedindo dele até ficar apenas meu irmão caçula. Tudo muito doloroso, mas lindo. Meu pai faleceu no sábado de Aleluia, no mesmo dia que minha mãe tinha previsto no dia anterior – na Sexta-feira Santa. Às duas horas da madrugada, meu pai partiu para o mundo espiritual.

Eu relatei esses 40 dias para contar que vendo meu pai ser velado, eu senti muita gratidão. Não chorei, senti paz. Como dizem no budismo, senti a felicidade da missão cumprida – dele e minha – e honrei meu pai até o último suspiro. Eu nunca imaginei que o sentimento daquele momento pudesse ser este. Oramos, com nossos amigos católicos, evangélicos e budistas, em uma cerimônia ecumênica – assim como eu me sinto diante da vida. Todos com muito amor e respeito à vida do meu pai e da minha família.

Eu observava meu pai, com a camisa branca e o cabelo cortadinho, e percebia nele a figura de Buda, com um semblante lindo de paz! Minha mãe já estava mais serena e conformada, entendendo que a data dele havia chegado. Depois tivemos a cerimônia de cremação e passamos o domingo de Páscoa juntos, em família. Com aconchego, amor e paz.

Na segunda-feira retornamos aos EUA, onde descobri que minha filha havia passado a Páscoa com uma amiga querida de muitos anos, também brasileira, que veio buscá-la em casa para que ela não ficasse mais tão sozinha. Mais uma vez, me despedi de minha mãe com o desejo de trazê-la para cá (o visto havia saído durante o período no hospital), mas ela precisava do momento dela para relaxar, sentir a dor da perda, colocar a cabeça no lugar.

Voltei ao Brasil a trabalho em agosto, quando buscamos as cinzas do meu pai e como decidido em família, as lançamos no mar, na Plataforma de Pesca Amadora de Mongaguá, a cidade onde meus pais tinham uma casa de praia. Ele gostava de pescar, inclusive até o seu signo era de Peixes. Foi um lindo ritual de despedida, seguido de um almoço no restaurante preferido dos meus pais: o Filé de Abadejo.

Como dizem no budismo, "felicidade absoluta é obtida ao alcançar a condição de vida em que nada nem ninguém é capaz de abalar sua serenidade e plenitude". Aprendi a encarar a morte como uma passagem desta vida para a vida espiritual. A entender mais do que nunca que somos seres espirituais em evolução aqui na terra e que quando terminamos nossa missão, somos convidados a partir.

Neste curto período, perdi meu pai e duas tias, a mais velha e a mais nova, diferença de dias entre os três. Mais uma vez pude perceber que tudo está ligado e o quanto eram unidos. De todos os irmãos que meu pai teve esses três estavam sempre juntos, perto e depois à distância. Sempre. Até na morte!

No Natal, voltamos – a família completa – para passarmos a comemoração todos juntos, com meus irmãos, mãe, cunhada e sobrinhos. Presente do universo! Com o Ano Novo, mais uma alegria: minha mãe voltou comigo, realizando o sonho de tê-la perto de mim aqui nos Estados Unidos e levá-la para Orlando, na Disney. Imagino que a minha felicidade era maior que a dela, mas foi incrível poder estar com minha mãe, e claro que o sentimento era que meu pai estava por perto o tempo todo.

Minha mãe ficou dois meses em Miami e voltamos juntas ao Brasil, eu para trabalhar e para participar da formatura do meu filho pela POLI – Escola Politécnica da Universidade de São

Paulo, como Engenheiro de Computação. Haja Coração. Não é? Assim é a vida... Logo depois, meu filho veio me visitar com a namorada e ficaram 10 dias em solo americano. Mais uma vez realizei o sonho de ter todos aqui juntos, que delícia! Ele veio para o aniversário de 16 anos da minha filha, foi emocionante!

Esta 2ª edição do livro – a qual acrescentei este novo capítulo – nasceu de tantas pessoas comentarem da importância desta obra, com mensagens tão relevantes sobre superação e fé, ser disponibilizada para todo o mundo, ajudando um número maior de pessoas em seus processos de transformação pessoal. Muitas vezes eu pensava que essas pessoas tinham razão... em outras, não me sentia preparada para este novo passo. Quando finalmente eu me senti pronta, a vida se apresentou através da Roberta Fernandes, uma nova amiga.

Eu a conheci através do grupo de brasileiros, aqui da Flórida, quando enviou uma mensagem pelo WhatsApp, pedindo se alguém poderia trazer medicamentos de São Paulo. Eu me prontifiquei e quando ela veio até a minha casa buscar as medicações, houve uma identificação imediata e ficamos mais de uma hora na porta do prédio nos conhecendo e acabei por presenteá-la com um exemplar do meu livro. Assim começou nossa amizade e ela me contou de um conhecido que estava dando o suporte para o lançamento do livro "Pelos Olhos da Fé", de autoria de Karla Lasmar Araújo. E me recomendou conversar com essa autora, pois a mesma editora poderia se interessar pelo livro que eu havia escrito.

A Karla foi muito gentil e em nossa conversa percebi o alinhamento de propósito e o incentivo para publicar uma 2ª edição através da editora e desta vez, com fins comerciais, além dos humanitários. Minha obra foi muito bem acolhida pela editora e a proposta é lançar esta 2ª edição de "Coração, Oração, Ação" no Brasil, Estados Unidos e Portugal, além da América Latina, onde trafego bastante e tenho muitos contatos e amigos.

Depois de fechar a parceria com a editora, tive a honra de conhecer a Karla pessoalmente e fiquei muito emocionada em perceber como o Universo nos conecta com as pessoas certas, no lugar e momento certo. Durante as reuniões budistas e os cultos da Igreja Lagoinha que frequento, intuo que vim para os Estados Unidos para trabalhar, mas que há algo muito maior está se movendo espiritualmente, do qual o relançamento deste livro faz parte, mas que ainda não consigo decifrar. Mas isso é história para o próximo livro, já em elaboração, o segundo de muitos outros.

Termino este capítulo fazendo um convite para que cada um de vocês, que percorreu estas páginas, saia um pouco da sua zona de conforto e se dedique a buscar sua evolução espiritual, através do Coração, Oração e Ação. Busque desenvolver mais virtudes e expressar sua melhor versão todos os dias, com amor, humildade para aprender, com coragem para superar seus medos. Desejo que se lembre que você nunca está sozinho(a), que você é a essência de Algo Muito Maior. Basta se abrir para que esta Força comece a se manifestar em sua vida.

Meu objetivo é que possamos todos chegar no final desta vida sem arrependimentos, na certeza de que alinhamos nosso roteiro de vida com a Lei Maior do Universo, a mesma que nos trouxe para cá. Por isso, abasteça seus vazios e suas inseguranças com orações e se conecte com a Lei do Universo, Deus, ou como quiser chamar. Você está sempre no lugar certo, com as pessoas certas, aquelas que vão te ajudar a evoluir e se transformar em uma pessoa melhor, mais consciente, compassiva e amorosa.

Se você quer mudar, passar para outra fase, se conecte com o seu coração, com a oração e com a ação – coloque em prática a tal da Fé em Obras. Você vai perceber as transformações que vão acontecer dentro e fora de você. Esse pode ser o melhor ano da sua vida! Acredite e comece hoje mesmo!

"Só há um tempo em que
é fundamental despertar.
Esse tempo é agora."

Buda

Filha, você é muito especial em nossas vidas! Temos muito orgulho da pessoa que você é! Não dá para esquecer quando, aos 15 anos, saiu para comprar um jornal e já voltou com um emprego. E nunca mais parou, sempre querendo dar uma vida melhor a sua família. É, sem dúvida, uma vencedora! Deus abençoe você sempre!

Com amor infinito,

LUZIA CONCEIÇÃO RODRIGUES DE SOUZA E JOÃO JOVINO DE SOUZA – Mãe e Pai da autora

Minha mãe é a pessoa mais maravilhosa que já conheci. Mesmo com todos os seus desafios da vida, ela está sempre lá, tentando ajudar a quem ama e isso é uma das coisas que mais admiro nela. Mãe, amo você infinitamente!

MARIA RITA DE SOUZA CORTEZ – Filha

Minha irmã é um grande ser humano e uma excelente profissional. Sempre dedicada a aprender mais, querendo o melhor para a família e todos aos seu redor. Obrigada minha irmã, por tudo!

MARCOS JOVINO DE SOUZA – Irmão

Sentimos infinita gratidão e orgulho em ter você como irmã, cunhada, amiga, tia e madrinha. Você é uma mulher batalhadora, conselheira e sempre ajudando as pessoas. Nós admiramos muito seu jeito de ser, força, caráter e bondade. É um exemplo de determinação para todos nós!

MARCELO, PRICILA, ANA CAROLINA E ANTÔNIO – irmão, cunhada e sobrinhos

Angela Cortez é um ser determinado e apaixonado que nunca desiste. Uma pessoa que ultrapassa barreiras e limites focando-se no bem maior de tudo à sua volta: família, amigos, colegas de trabalho, a empresa que representa, e o mais importante para todas as pessoas no mundo. Ela é uma das pessoas mais incríveis que influenciaram a minha vida. É uma verdadeira guerreira e ser humano, a qual tenho a honra de chamar não só de minha amiga, mas também da minha irmã.

VERONICA NOVELLA – Budista, Amiga, Engenheira, MBA, Diretora Financeira

Trabalhar e conhecer Angela foi uma oportunidade incrível. A profundidade de seu conhecimento, a extensão de sua experiência, a amplitude de sua sabedoria e de sua alma tornaram nossa jornada de trabalho uma relação humana que certamente será douradora. Eu me sinto honrado e privilegiado de ter desenvolvido um trabalho em parceria com ela.

DAVID J. GOLDICH – CEO Paradigm Language Support

Ângela para mim é sinônimo de inspiração; É uma profissional de sucesso, ótima mãe, parceira e amiga. Sua força interior, sabedoria e caráter a capacitaram a superar obstáculos e aprender. Angie, como digo com carinho, impactou minha vida e tem sido uma peça-chave em minha carreira profissional. Ela me mostrou qual é o verdadeiro significado da liderança.

BETSABÉ LUNA – BS em Comunicação e Marketing na University of the Ozarks, AR - USA, MBA em Tecnologia no Monterrey Campus Santa Fé - México

Foi uma honra e uma alegria acompanhar a Angela em sua escrita da biografia e confirmar que ainda existem pessoas que sabem o real significado de SER HUMANO! Obrigada pela oportunidade e parabéns pela pessoa excepcional que você é!

REGINA REBELLO – Coach de Escrita, escritora, mentora e terapeuta integrativa.

É raro nascer como ser humano. O número de seres dotados de vida humana é tão pequeno quanto os grãos de terra que cabem sobre uma unha. E a vida humana é tão difícil de manter quanto o orvalho permanecer sobre a grama. Contudo, é melhor viver um único dia com honra do que viver 120 anos e morrer na desonra. (Nichiren Daishonin)

RODRIGO MARQUEZANI E ANA PAULA FERRAZ MARQUEZANI – Amigos e responsáveis pelo Distrito Perdizes, BSGI

Quando conheci a Angela, gostei da sua simpatia, do seu interesse em melhorar sua performance. Com a convivência, comecei a admirar a sua determinação, coragem e bondade de fazer o melhor para si, para sua família e para as pessoas ao seu redor. Sua paixão pelo budismo me inspirou a participar e a colocar ainda mais esperança no que desejo para a minha vida com ação! Ela é o exemplo de irmos em busca dos nossos sonhos e realizá-los.

CECILÍA FÜJIURA – Coaching de Performance Profissional e Pessoal, Consteladora Sistêmica e Consultora Empresarial

Conheci a Angela inicialmente no âmbito profissional e tive uma primeira impressão de uma mulher forte e determinada! Após um tempo, pude conhecer seu lado amiga e seu imenso coração! Hoje tenho a Angela como paciente Bioflow e vejo além da mulher guerreira, amiga e acolhedora, mas também a buscadora! Angela é tudo isso e muito mais, mulher que inspira e deixa sua marca onde passa!

CAMILA ARAÚJO – terapeuta Bioflow®

Admiro muito você como pessoa, com este coração de ouro que acolhe e quer cuidar de todos com carinho. Que Deus a abençoe muito por estes gestos! Sempre foi muito trabalhadora, determinada, forte e uma profissional exemplar! Com suas pinceladas marcantes, você sempre consegue obter do Universo as cores do arco-íris. O mundo precisa de mais pessoas como você! Obrigada por existir!

MARISA FIGUEIREDO DE LIMA – prima, amiga e professora de pintura a óleo

Sou muito orgulhosa e privilegiada por ter essa amiga tão querida, leal, carinhosa, determinada e acima de tudo, um coração gigante!! Você está no caminho certo continue firme nos seus propósitos!

RITA SOBRAL – budista

Cada um de nós é o Amor da Fonte e a Angela sempre soma, com humildade e coragem. Sua contribuição está além da sua história. É inspiração com integridade e verdade. Sou imensamente agradecida por você estar no planeta e por tê-la encontrado. Namastê.

ROSANA MACHADO – psicóloga, consteladora sistêmica

Desde que conheci Angie, sempre admirei seu espírito guerreiro, seu desejo de progredir e inspirar outros a fazer o mesmo. Conhecer sua história de forma mais profunda através do Coração, Oração e Ação só comprovou a grande pessoa que ele é e como ele nos ensina que não importa de onde você venha, sempre há oportunidades.

MARIFELY A. MONTEALEGRE

Angela é uma daquelas pessoas que todos deveriam ter a honra de conhecer! Porque em todos os sentidos é uma mulher incrível. Que inspira com sua doçura e sua capacidade ímpar em realizar! Por onde passa promove o crescimento dos que estão ao seu redor. É uma alegria imensa acompanhar e participar de sua trajetória!

MARICI FERREIRA – EPGrupo/Abral

Angela, estou radiante junto com você por mais um sonho realizado. Você merece o mundo! Você é incrível como amiga, filha, mãe, esposa e principalmente, como mulher. Você nos representa! Que venham outros livros, outras emoções, outras conquistas, Que surja uma nova mulher de dentro de você, todos os dias. Obrigada por tudo! Amo você muito!

CIDA CARAMICO – prima, amiga e comadre

Nam Myoho Rengue Kyo
Nam Myoho Rengue Kyo
Nam Myoho Rengue Kyo

Quer seguir conversando comigo?
Mande uma mensagem

Fazer a diferença no mundo é deixar a sua marca!

Compartilhe suas
impressões de leitura escrevendo para:
contato@yesbook.com.br

angelacortez@terra.com.br